青少年权益保护实务

主　编　温慧卿
参　编（排名不分先后）
　　　　李　勤　任春玲　宋　昕
　　　　许莲丽　叶承芳　高雅军

北京理工大学出版社
BEIJING INSTITUTE OF TECHNOLOGY PRESS

版权专有　侵权必究

图书在版编目（CIP）数据

青少年权益保护实务 / 温慧卿主编． -- 北京：北京理工大学出版社，2024．5．
ISBN 978-7-5763-4089-1

Ⅰ．①青… Ⅱ．①温… Ⅲ．①未成年人保护法-中国-高等学校-教材 Ⅳ．①D922.7

中国国家版本馆 CIP 数据核字（2024）第 105957 号

责任编辑：李慧智　　**文案编辑**：李慧智
责任校对：王雅静　　**责任印制**：李志强

出版发行 /	北京理工大学出版社有限责任公司
社　　址 /	北京市丰台区四合庄路 6 号
邮　　编 /	100070
电　　话 /	（010）68914026（教材售后服务热线）
	（010）63726648（课件资源服务热线）
网　　址 /	http://www.bitpress.com.cn
版 印 次 /	2024 年 5 月第 1 版第 1 次印刷
印　　刷 /	涿州市新华印刷有限公司
开　　本 /	787 mm×1092 mm　1/16
印　　张 /	11
字　　数 /	184 千字
定　　价 /	66.00 元

图书出现印装质量问题，请拨打售后服务热线，负责调换

前　言

青少年，包括未成年人和尚处青年阶段的成年人，始终被视为我们未来的希望。青少年的健康成长与国家的繁荣、民族的振兴息息相关。我们党和政府对青少年的关心和爱护尤甚。这在党的二十大报告中表现突出。对于未成年人，报告明确指出要"保障儿童合法权益"；对于青年，报告更是要求全党要把青年工作作为战略性工作来抓，用党的科学理论武装青年，用党的初心使命感召青年，做青年朋友的知心人、青年工作的热心人、青年群众的引路人。

无论是否成年，每个人的青少年时期都是个体生理、心理迅速发展的关键阶段，也是世界观、人生观、价值观形成的重要时期。在这个阶段，青少年面临着诸多成长的困惑和问题。比如，青少年，尤其是未成年人，其权益需要得到特殊保护；比如，未成年人在刑事处罚方面应当得到特殊对待；再比如，青少年在创新创业和就业中应当更具有法律意识和保障。因此，本书结合工作实务，分别从未成年人权利保护、监护、反学生欺凌、青少年就业、青少年创业、预防未成年人犯罪、涉未成年人刑事案件观护帮教、侵害未成年人案件强制报告等多个方面论述了未成年人权益保护工作。

为了更好地保护青少年合法权益、预防未成年人犯罪，为专业学生和相关在岗人员提供指导，我们结合多年的教学和工作经验编写了本书。针对青少年权益保护相关岗位的主要职责，我们将本书分为九个学习模块，围绕青少年权益保护的主题阐述青少年权益保护的核心理念、主要制度和具体实践。九个学习模块分别是：学习模块一未成年人权利保护工作实务、学习模块二未成年人监护工作实务、学习模块三反学生欺凌与权益保护实务、学习模块四青少年就业实践中的权益保护工作实务、学习模块五青少年创业公司企业法律工作实务、学习模块六青少年创业工作中的劳动法律工作实务、学习模块七未成年人犯罪分析及预防矫治工作实务、学习模块八涉未成年人刑事案件观护帮教工作实务和学习模块九侵害未成年人案件强制报告工作实务。

本书注重实践层面的探索与创新。在内容上，除了基础理论介绍外，我们还整理再现了国内青少年权益保护的诸多经典案例，总结了相关青少年权益保护与犯罪预防工作中的实践经验；在体例上，为了让学习者更好地理解和掌握相关知识，我们设计了"引文""学习目标""课堂讨论""案例""思考题""法条链接"等栏目；同时，为了帮助学习者更全面地养成实践技能，我们还专门设置了"所涉及部门"和"专题实训"的学习板块，以期帮助学习者厘清思路，举一反三，形成工作思路。

本书主要用于法律事务、青少年工作与管理等专业学生的专业课学习；也可作为社会工作、政务服务等相关专业学生的专业拓展课学习。除此之外，我们也希望本书能够为青少年相关岗位工作人员提供有益的参考与指导。

本书的作者均是长期从事青少年法律研究和教学工作的教师以及一线工作人员。其中，学习模块一和学习模块二由温慧卿撰写，学习模块三由许莲丽撰写，学习模块四和学习模块六由李勤撰写，学习模块五由任春玲撰写，学习模块七由高雅军撰写，学习模块八由宋昕撰写，学习模块九由叶承芳撰写。

我们希望本书能为我国青少年权益保护与犯罪预防工作贡献绵薄之力，更希望能够抛砖引玉，通过本书的出版引发更多社会力量关注青少年权益保护工作。我们深知，青少年权益保护是一个复杂而深远的课题，需要不断地研究和实践。由于水平所限，本书还有很多不足之处，恳请广大读者和专家学者予以批评指正。

在未来的日子里，我们将继续努力，不断学习和进步，以期对青少年权益保护实务进行更深入的研究和探讨。

温慧卿

目　录

学习模块一　未成年人权利保护工作实务 ………………………………………… (001)

　　学习任务一　未成年人权利概述 ………………………………………………… (002)

　　学习任务二　未成年人权利的相关法律规定 …………………………………… (006)

　　学习任务三　侵犯未成年人权利的主要形式 …………………………………… (009)

　　学习任务四　未成年人常见权利的法律保护 …………………………………… (013)

　　学习任务五　未成年人权利保护工作实务 ……………………………………… (018)

学习模块二　未成年人监护工作实务 ……………………………………………… (024)

　　学习任务一　未成年人监护制度概述 …………………………………………… (025)

　　学习任务二　未成年人监护人及其职责 ………………………………………… (027)

　　学习任务三　未成年人监护人之监护资格的撤销 ……………………………… (034)

　　学习任务四　未成年人权益保护工作实务 ……………………………………… (036)

学习模块三　反学生欺凌与权益保护实务 ………………………………………… (042)

　　学习任务一　反学生欺凌概述 …………………………………………………… (043)

　　学习任务二　学生欺凌的认定问题 ……………………………………………… (046)

　　学习任务三　校园欺凌中的青少年权益与民事侵权问题 ……………………… (048)

　　学习任务四　校园欺凌中的行政违法责任 ……………………………………… (050)

　　学习任务五　校园欺凌中的刑事法律责任 ……………………………………… (050)

学习模块四　青少年就业实践中的权益保护工作实务 ……………………（056）

　　学习任务一　就业概述 …………………………………………………（057）

　　学习任务二　就业实践中的劳动主体问题 ……………………………（059）

　　学习任务三　就业实践中的劳动合同问题 ……………………………（063）

　　学习任务四　就业实践中的劳动纠纷问题解决机制 …………………（068）

学习模块五　青少年创业公司企业法律工作实务 ………………………（076）

　　学习任务一　青少年创业法律工作概述 ………………………………（077）

　　学习任务二　青少年创业中的企业组织形式问题 ……………………（079）

　　学习任务三　青少年创业中的企业设立问题 …………………………（081）

　　学习任务四　青少年创业中的责任承担问题 …………………………（085）

　　学习任务五　青少年创业法律工作实务 ………………………………（088）

学习模块六　青少年创业工作中的劳动法律工作实务 …………………（098）

　　学习任务一　青少年创业工作中的劳动法律问题概述 ………………（099）

　　学习任务二　劳动权益概述 ……………………………………………（099）

　　学习任务三　创业前期劳动法律问题 …………………………………（103）

　　学习任务四　青少年创业中的其他劳动法律问题 ……………………（112）

学习模块七　未成年人犯罪分析及预防矫治工作实务 …………………（118）

　　学习任务一　未成年人犯罪与未成年罪犯的概念及特点 ……………（119）

　　学习任务二　未成年人犯罪的原因分析 ………………………………（122）

　　学习任务三　预防未成年人犯罪的对策 ………………………………（128）

　　学习任务四　未成年犯矫治工作实务 …………………………………（129）

学习模块八　涉未成年人刑事案件观护帮教工作实务 …………………（133）

　　学习任务一　涉罪未成年人的刑事责任年龄问题 ……………………（134）

　　学习任务二　观护帮教涉罪未成年人工作在程序法律中的体现

　　　　　　　　——附条件不起诉北京模式 …………………………（136）

学习任务三　观护帮教涉罪未成年人工作在实体法律中的体现
　　　　　　　——预防未成年人犯罪综合治理 …………………………（138）
　　学习任务四　刑事案件中未成年被害人的法律保护 …………………（139）

学习模块九　侵害未成年人案件强制报告工作实务 ……………………**（151）**

　　学习任务一　侵害未成年人案件强制报告制度概述 …………………（152）
　　学习任务二　建立侵害未成年人案件强制报告制度的必要性 ………（154）
　　学习任务三　侵害未成年人案件强制报告义务主体 …………………（156）
　　学习任务四　侵害未成年人案件强制报告情形和处置 ………………（159）
　　学习任务五　侵害未成年人案件强制报告工作实务 …………………（161）

参考文献 …………………………………………………………………………**（166）**

学习模块一

未成年人权利保护工作实务

引　文

2021年1月，13周岁的原告钱某多次前往被告龙某所经营的某美容工作室玩耍，与龙某熟识后，钱某称要文身，龙某遂为钱某进行了大面积文身，并收取文身费用5 000元。2021年2月，钱某的母亲送钱某前往某省入学，学校检查身体时发现了钱某身上的文身。为避免对钱某的求学及就业造成影响，钱某父母要求龙某为钱某清洗文身，后双方因对赔偿事宜协商未果，钱某诉至法院，请求被告退还文身费5 000元，并赔偿精神损失①。

学习目标

知识目标： 掌握未成年人权利的基本概念和内涵，包括生存权、发展权、受保护权、参与权等。了解未成年人权利保护的法律法规和政策。熟悉未成年人权利保护工作的基本原则和方法。

能力目标： 提高识别、分析和解决未成年人权利问题的能力，能够准确判断问题的性质和严重程度。增强协调和处理未成年人权利问题的能力，能够与相关部门和人员有效沟通，寻求解决方案。

素养目标： 培养尊重和保护未成年人权利的意识，认识到未成年人是社会的弱势群体，需要特别关注和保护。提升对未成年人权利保护工作的责任感和使命感，积极参与相关工作和活动。

---

① 佚名：《未成年人权益司法保护典型案例》，载《人民法院报》，2022年3月2日第5版。

请谈谈对未成年人权益保护的看法；结合自身，谈谈在维护未成年人权利的过程中遇到的困惑有哪些。

学习任务一　未成年人权利概述

(一) 未成年人的法律定义

1. 未成年人的概念

所谓未成年人，根据《中华人民共和国民法典》（以下简称《民法典》）规定，是指不满18周岁的自然人。在工作中，除了"未成年人"的概念，我们通常还会使用"儿童""青少年"等相关概念。其实，"未成年人""儿童""青少年"等概念，既有联系又有区别。

首先，"儿童"。《现代汉语词典》将"儿童"解释为较幼小的未成年人（年纪比"少年"小）。联合国《儿童权利公约》（Convention on the Rights of the Child）第一条规定："为本公约之目的，儿童（Child）系指18岁以下的任何人，除非对其适用之法律规定成年年龄少于18岁。"

其次，"青少年"。"青少年"是根据不同语境和标准来界定的，通常包括一定年龄阶段的未成年人和成年人。有观点认为"青少年"是指从儿童转变成为成年人的过渡时期，年龄范围在13~18岁。

总之，"未成年人""儿童""青少年"都是指年龄上的一个阶段。相较于"未成年人"和"儿童"的概念，"青少年"是一个较为笼统的、习惯性的称呼，不是法律上的概念。"未成年人"是法律上明确规定的概念，而"青少年"则更多是社会习惯上的称呼。

(二) 未成年人的权利

未成年人权利是一个泛指。它既包括了未成年人的权力又包括了未成年人的利益。主要可以分为以下四大权利：

1. 生存权

广义的生存权，是指包括生命在内的诸权利总称。从法律层面上解释生存权，是指一个自然人所具备的基本权利。生存权包括生命权、健康权、生活保障权。未成年人享有生存权，不仅指个人的生命在生理意义上得到延续的权利，而且指生存得到保障的权利；不仅包含未成年人的生命安全和基本自由不受侵犯、人格尊严不受凌辱，还包括未成年人的基本生活水平和健康水平得到保障和不断提高。

【案例1.1】未成年被害人张某10岁后随父母张某辉、张某美生活。因学习或不听话等原因，两被告人经常对其采取捆绑、殴打等不当教育方式。2020年7月22日，被害人被张某美殴打、捆绑、饿饭且被反锁在家，张某辉赞同张某美的做法。7月24日早上，张某美发现被害人倒在卫生间门口，两被告人进行急救后将其送至卫生院。经医生诊断，被害人已经死亡。经鉴定，被害人系体位式窒息死亡。人民法院经审理认为，被告人张某美、张某辉采取殴打、捆绑、饿饭等虐待方式致其死亡，其行为构成虐待罪。根据两被告人的犯罪事实和社会危害性，以虐待罪判处张某美有期徒刑六年、张某辉有期徒刑二年六个月[①]。

侵害未成年人生命权是一种严重的违法行为，不仅会对其身心健康造成严重伤害，而且还会对家庭和社会造成不良影响。案例1.1中，亲生父母张某辉和张某美对未成年子女的虐待，是对其生存权的践踏。我们应该坚决反对任何形式的侵害未成年人生命权的行为，同时也要加强对未成年人生命权的教育和保护，建立健全相关法律法规，提高社会公众的法律意识。

2. 受保护权

受保护权，是指未成年人享有不受歧视、虐待和忽视的权利。未成年人受保护权包括保护未成年人免受歧视、剥削、酷刑、暴力或疏忽照料，以及对失去家庭和处于困境中的未成年人的特别保护。受保护权是未成年人权益的重要内容。未成年人作为身体和心智发展不成熟的弱势群体，应当充分享有来自法律、社会、家庭和自我的保护。具体内容如下：

第一，未成年人的权利应受到法律保护。法律所能保护的范围包括未成年人的人身权利和财产权利。法律还对未成年人的权利给予了特殊保护。例如，《中华人民共和国个人信息保护法》规定，不满14周岁未成年人的个人信息属于敏感个人信息。处理

---

① 江西法院：《江西法院2023年未成年人保护典型案例》，2023年6月2日。网址：https://www.jxzfw.gov.cn/2023/0602/2023060249203.html

不满14周岁未成年人个人信息的，应当取得未成年人的父母或者其他监护人的同意。再如，《中华人民共和国刑法》（以下简称《刑法》）规定，对依法规定追究刑事责任的不满18周岁的未成年人，应当从轻或者减轻处罚。

第二，社会各界也有保护未成年人的义务。社会各界通过各种方式，如建立儿童福利机构、开展家庭教育指导、提供心理咨询等，为未成年人提供帮助和支持。《中华人民共和国未成年人保护法》（以下简称《未成年人保护法》）第四十二条规定，全社会应当树立关心、爱护未成年人的良好风尚。国家鼓励、支持和引导人民团体、企业事业单位、社会组织以及其他组织和个人，开展有利于未成年人健康成长的社会活动和服务。

第三，未成年人应当受到父母及其他家庭成员的保护。家庭对未成年人的保护也非常重要。父母或其他监护人应当依法履行对未成年人的抚养、教育和保护职责，保护未成年人的人身安全和财产权益。我国《未成年人保护法》第十五条规定，未成年人的父母或者其他监护人应当学习家庭教育知识，接受家庭教育指导，创造良好、和睦、文明的家庭环境。共同生活的其他成年家庭成员应当协助未成年人的父母或者其他监护人抚养、教育和保护未成年人。

第四，未成年人也需要学会自我保护。比如，未成年人应当了解自己的权利和义务、学会自我保护的方法等。这有助于未成年人更好地维护自己的权益。

【案例1.2】2023年10月，民政部、教育部、国家卫生健康委、共青团中央、全国妇联等五部门联合印发《关于加强困境儿童心理健康关爱服务工作的指导意见》（民发〔2023〕61号），要求以习近平新时代中国特色社会主义思想为指导，认真贯彻落实党中央、国务院关于困境儿童保障工作的决策部署，坚持以人民为中心，切实把困境儿童心理健康关爱服务工作摆在更加突出的位置，完善工作体制机制，强化关爱服务措施，提升关爱服务水平，更好地促进困境儿童健康成长、培养德智体美劳全面发展的社会主义建设者和接班人。

3. 发展权

发展权，是指未成年人拥有充分发展其全部体能和智能的权利。在联合国《儿童权利公约》中，发展权主要指信息权、受教育权、娱乐权、文化与社会生活的参与权、思想和宗教自由、个性发展权等。发展权的主旨是要保证未成年人在身体、智力、精神、道德、个性和社会性等诸方面均得到充分的发展。

【案例1.3】郭某与刘某某为夫妻，育有郭某某，未成年。郭某与刘某某分居，并将郭某某藏匿，导致孩子不能到校接受义务教育，致使郭某某面临辍学的危险，且忽视了郭某某的生理、心理状况和情感需求。人民法院向郭某发出《家庭教育令》，责令郭某依法履行监护职责，保障郭某某依法接受并完成义务教育。事后，郭某某已重返校园，且在校表现良好①。

受教育权是未成年人发展权的重要内涵。未成年人正处在身心发展的关键时期，需要通过教育来获取知识、培养技能、形成正确的"三观"。因此，从微观上讲，保障未成年人的受教育权就是维护他们的发展权；从宏观上讲，保障未成年人的受教育权就是保障社会的持续发展。根据《中华人民共和国义务教育法》（以下简称《义务教育法》）的规定，适龄儿童、少年的父母或者其他法定监护人应当依法保证其按时入学接受并完成义务教育。无正当理由未依法送适龄儿童、少年入学接受义务教育的，由当地乡镇人民政府或者县级人民政府教育行政部门给予批评教育，责令限期改正。

案例 1.3 中，作为父亲，郭某是郭某某的监护人，应当依法履行监护职责，保障郭某某的受教育权。然而，郭某不能妥善处理家庭关系，藏匿其未成年子女，致使郭某某无法接受义务教育，严重侵害了郭某某的受教育权。另外，值得一提的是，本案中的《家庭教育令》——人民法院在审理婚姻家庭纠纷案件时进一步依据《中华人民共和国家庭教育促进法》（以下简称《家庭教育促进法》）向未成年人父母发出《家庭教育令》，是为了督促未成年人父母或其他监护人履行监护职责，做好未成年人的家庭教育，加强亲子陪伴和教育引导。

4. 参与权

参与权，是指未成年人参与适合自己年龄的家庭生活和社会、经济、文化与政治事务的权利。虽然因未成年人相对弱小而受到特殊的照顾，但他们也应当被作为一个有权利的群体受到尊重。在符合当地社会发展阶段和经济条件的情况下，全社会都应当充分尊重未成年人的参与权。我国相关法律对未成年人参与权均做出了规定。例如，我国《家庭教育促进法》规定，未成年人的父母或者其他监护人实施家庭教育，应当关注未成年人的生理、心理、智力发展状况，尊重其参与相关家庭事务和发表意见的权利。除了国家层面，地方层面在立法中也越来越重视未成年人的参与权。例如，2023 年 9 月 1 日，《天津市家庭教育促进条例》（以下简称《条例》）实施。该《条例》第十五条

---

① 潍坊法院：《2022 年度未成年人权益司法保护典型案例》，2023 年 6 月 28 日。网址：http://ytzy.sdcourt.gov.cn/wfzy/442541/442474/11208830/index.html

规定，未成年人的父母或者其他监护人实施家庭教育，应当关注未成年人的生理、心理、智力发展和社会融入等状况，尊重其参与相关家庭事务和发表意见的权利。

【案例1.4】小亮，11岁，是一个学习成绩特别好的孩子。他也很喜欢体育运动。暑假期间，他想报足球兴趣班，但是被妈妈强行报了英语提高班。母子分歧下，最后小亮放弃了足球，去学了英语。

案例1.4中，母亲忽略了小亮的意愿，强行为小亮选择了学习内容。现实生活中，我们对未成年人参与权的认识和保护不够。实际上，参与权体现了未成年人作为自然人，在法律上享有的独立人格利益和独立意志。它也是未成年人在家庭、社会中增长知识能力，得以进一步保障其生存权和发展权、获得受保护权的前提和基础。社会对未成年人参与权的认可，使得未成年人有机会通过自主参与，在家庭和社会生活中自愿表达观点、做出决策并实施行为，从而确保自身权益的实现。

学习任务二　未成年人权利的相关法律规定

（一）《中华人民共和国宪法》的相关规定

《中华人民共和国宪法》（以下简称《宪法》）对未成年人的规定体现了国家对下一代的关心和重视。

首先，《宪法》规定了国家对未成年人的保护。第四十九条第一款规定，婚姻、家庭、母亲和儿童受国家的保护。

其次，《宪法》规定了未成年人的受教育权。该法第四十六条规定，中华人民共和国公民有受教育的权利和义务。国家培养青年、少年、儿童在品德、智力、体质等方面全面发展。

最后，《宪法》规定了父母对未成年人的义务。该法第四十九条第三款规定，父母有抚养教育未成年子女的义务。

（二）《中华人民共和国民法典》的相关规定

第一，《民法典》规定了包括未成年人在内的自然人的人格权和财产权。虽然未成年人完全不能或者不能完全辨认自己的行为能力，但未成年人是享有民事权利的自然人，即依法享有人格权和财产权。该法第九百九十条规定，人格权是民事主体享有的生命权、身体权、健康权、姓名权、名称权、肖像权、名誉权、荣誉权、隐私权等权利。除前款规定的人格权外，自然人享有基于人身自由、人格尊严产生的其他人格权益。《民法典》第九百九十一条规定，民事主体的人格权受法律保护，任何组织或者个人不得侵害。

第二，《民法典》规定了未成年人的监护制度。该法第二十六条规定，父母对未成年子女负有抚养、教育和保护的义务。《民法典》规定了未成年人监护人的范围和顺序：父母是未成年子女的监护人。未成年人的父母已经死亡或者没有监护能力的，由祖父母/外祖父母、兄/姐、其他愿意担任监护人的个人或者组织按顺序担任监护人。同时，《民法典》还详细规定了未成年人监护人的监护职责、未成年人监护资格的撤销、监护关系终止等内容。

(三)《中华人民共和国未成年人保护法》的相关规定

《未成年人保护法》是由全国人民代表大会常务委员会根据宪法制定的、专门保护未满18周岁的公民的合法权益的法律，1991年通过，2006年第一次修订，2012年修正，2020年第二次修订，2021年6月1日起施行。现行《未成年人保护法》分为9章，包括：总则、家庭保护、学校保护、社会保护、网络保护、政府保护、司法保护、法律责任和附则。

《未成年人保护法》保护未成年人身心健康，保障未成年人合法权益，促进未成年人德智体美劳全面发展，规定未成年人享有生存权、发展权、受保护权和参与权。该法第三条规定，国家保障未成年人的生存权、发展权、受保护权、参与权等权利。未成年人依法平等地享有各项权利，不因本人及其父母或者其他监护人的民族、种族、性别、户籍、职业、宗教信仰、教育程度、家庭状况、身心健康状况等受到歧视。

(四)《中华人民共和国教育法》的相关规定

《中华人民共和国教育法》（以下简称《教育法》）对未成年人的受教育权重点做以下几个方面的规定：

首先，《教育法》规定未成年人享有受教育权。该法第九条规定，中华人民共和国公民有受教育的权利和义务。第四十条还特别规定，国家、社会、家庭、学校及其他教育机构应当为有违法犯罪行为的未成年人接受教育创造条件。

其次，《教育法》规定了监护人对未成年人享有受教育权所应承担的义务。该法第五十条规定，未成年人的父母或者其他监护人应当为其未成年子女或者其他被监护人受教育提供必要条件。

最后，《教育法》对未成年人接受校外教育进行了规定。该法第五十二条规定，国家、社会建立和发展对未成年人进行校外教育的设施。学校及其他教育机构应当同基层群众性自治组织、企业事业组织、社会团体相互配合，加强对未成年人的校外教育工作。未成年人的父母或者其他监护人应当配合学校及其他教育机构，对其未成年子女或者其他被监护人进行教育。

(五)《中华人民共和国义务教育法》的相关规定

《义务教育法》是为了保障适龄儿童、少年接受义务教育的权利，保证义务教育的实施，提高全民族素质而制定的法律。该法的上位法是《宪法》和《教育法》。

首先，《义务教育法》规定了儿童和少年平等的受教育权。该法第四条规定，凡具有中华人民共和国国籍的适龄儿童、少年，不分性别、民族、种族、家庭财产状况、宗教信仰等，依法享有平等接受义务教育的权利，并履行接受义务教育的义务。

其次，《义务教育法》规定了教师平等对待儿童和少年，保护其人格权的义务。该法第二十九条规定，教师在教育教学中应当平等对待学生，关注学生的个体差异，因材施教，促进学生的充分发展。教师应当尊重学生的人格，不得歧视学生，不得对学生实施体罚、变相体罚或者其他侮辱人格尊严的行为，不得侵犯学生的合法权益。

(六)《中华人民共和国家庭教育促进法》的相关规定

《家庭教育促进法》详细规定了父母或者其他监护人对未成年人家庭教育的内容，旨在发扬中华民族重视家庭教育的优良传统，引导全社会注重家庭、家教、家风，增进家庭幸福与社会和谐，培养德智体美劳全面发展的社会主义建设者和接班人。

该法第五条第二项规定，尊重未成年人人格尊严，保护未成年人隐私权和个人信息，保障未成年人合法权益。为了保障未成年人接受正确家庭教育的权利，该法还规定，公安机关、人民检察院、人民法院在办理案件过程中，发现未成年人存在严重不良行为或者实施犯罪行为，或者未成年人的父母或者其他监护人不正确实施家庭教育侵害未成年人合法权益的，根据情况对父母或者其他监护人予以训诫，并可以责令其接受家庭教育指导。

(七) 联合国《儿童权利公约》的相关规定

1989年11月20日，联合国大会通过了《儿童权利公约》（以下简称《公约》），它是第一部有关保障未成年人权利且具有法律约束力的国际性约定。该《公约》不但确立了保护未成年人权利的四项基本原则：无歧视，未成年人利益最大化，确保未成年人的生命权、生存权和发展权的完整以及尊重未成年人的意见；还对儿童的年龄做了明确界定。《公约》强调，各国应确保其管辖范围内的每一位未成年人均享受《公约》所载的权利，不因未成年人或其父母或法定监护人的种族、肤色、性别、语言、宗教、政治或其他见解、国籍或社会出身、财产、伤残、出生或其他身份等而有任何差别。

学习任务三　侵犯未成年人权利的主要形式

侵犯未成年人权利的行为可能发生在家庭、幼儿园、学校、各类教育机构以及社会其他地方。行为人可能是家族成员、幼儿园、学校或各类教育机构内部人员，也可能是第三人。根据国际社会公认的儿童伤害类型，对未成年人权利的侵犯方式主要包括躯体虐待、情感虐待、忽视、性虐待以及经济型剥削。

(一) 躯体虐待

躯体虐待，是指行为人对未成年人施加的躯体暴力行为，这种行为可能会造成未成年人的身体和情绪伤害，影响未成年人的身心健康发展，甚至可能导致未成年人死亡。常见的躯体虐待形式包括用手或物体殴打、用力摇晃、用烟头烫、用针扎、禁止进食、用硬物投掷等侵害身体的行为。

【案例1.5】马某（另案处理）与王某乙婚后生育一子马某某，后王某乙外出下落不明。2017年10月起，王某甲在与郑某某婚姻关系存续期间，与马某以夫妻名义在马某家中共同生活，并提出让马某的父亲抚养马某某，马某未同意。为发泄不满，王某甲长期对马某某辱骂、殴打、饿饭，并强迫其从事超体力劳动，致马某某身体多处受伤，身心健康受到严重摧残。2020年6月26日5时20分至27日6时29分，王某甲先后采取用棍棒击打身体、掌掴头面部、用绳索捆绑双腿后头朝下悬挂梁柱、抡起重摔、掐脖颈上下摔打等方式，连续对马某某实施暴力殴打行为，致马某某（殁年6岁）因头部遭钝性暴力作用致颅脑损伤而死亡，体表挫伤属于轻伤一级。法院认为：王某甲长期虐待幼童马某某，2020年6月26日晨至27日晨对马某某连续实施暴力的程度已超出虐待的范畴，故对该行为单独定性为故意伤害罪。王某甲行为依法构成故意伤害罪、重婚罪、虐待罪，应予数罪并罚。王某甲以特别残忍的手段实施故意伤害行为，致一名幼童死亡，罪行极其严重，依法应予严惩，虽有坦白情节，但不足以从轻处罚，依法判处死刑，剥夺政治权利终身。最高人民法院依法核准了王某甲死刑①。

(二) 情感虐待

情感虐待，即心理虐待或精神虐待，是指对未成年人长期、持续、反复和不适当的情感对待，对未成年人的情感与表达产生了消极影响。情感虐待有很多表现，比如，羞辱或经常批评孩子、威胁吼叫孩子、让孩子成为被取笑的对象、使用讽刺去伤害孩子、责怪孩子、让孩子做替罪羊、让孩子做有辱人格的行为、不认可孩子自己的人格独立性并试图去控制他们的生活、逼孩子太紧或是不承认他们的局限性、将孩子暴露于痛苦的事件或情境之下等。

情感虐待是最广泛的未成年人遭受虐待的形式。遭到情感虐待的未成年人，往往会表现出：第一，无助感、无用感（经常出现在遭受躯体虐待的未成年人身上）；第二，受侵犯感和羞耻感；第三，缺乏环境刺激和对正常发展的支持。为了防止情感虐待，我国《未成年人保护法》规定，未成年人的父母或者其他监护人应当关注未成年人的生理、心理状况和情感需求。

(三) 忽视

所谓忽视，是指长期对未成年人放任不管以及怠慢，不满足未成年人的情感需求，对未成年人的健康和安全不关心、对衣食住行及卫生不予照顾等。"忽视"，包括医疗忽视、安全忽视、教育忽视、身体忽视、感情忽视等。"忽视"可以表现为：生活中监护角色缺位、不向孩子表达任何正向感受、跟孩子互动时不表达任何情绪等。研究发现，未成年人遭受严重的忽视，在其成年后可能会出现反社会人格、对情绪刺激类型不敏感、情绪识别能力受损等现象。

(四) 性虐待

未成年人性虐待，又称性侵害未成年人，是指施害者通过暴力、欺骗、物质引诱、

---

① 阜阳市民政局：《6岁男童被"继母"虐待致死 安徽高院发布未成年人审判典型案例》，2023年5月29日。网址：https://www.fy.gov.cn/openness/detail/content/64759c098866880f078b456b.html

讨好或其他办法，对未成年人施以性刺激以满足其性冲动或其他目的。性侵害未成年人有多种形式，包括身体接触和非身体接触。

【案例1.6】鲍某某强奸、猥亵未成年人案。被告人鲍某某利用教师身份，在两年多时间里猥亵幼女7人，多达数十次，并将其中6人奸淫达数十次，还拍摄该6名幼女的裸照及被强奸的照片、视频。法院为此依法判处被告人鲍某某死刑，剥夺政治权利终身。经最高人民法院复核核准，罪犯鲍某某已被依法执行死刑。

【案例1.7】被告人乔某某为满足其不良心理需要，于2014年3月至8月，在自住房电脑上，通过登录QQ添加多名不满12周岁的幼女为其好友，并冒充生理老师以视频教学为名，先后诱骗多名幼女与其视频裸聊。人民法院经审理认为，被告人乔某某以刺激或满足其性欲为目的，用视频裸聊方式对多名不满12周岁的儿童实施猥亵，其行为已构成猥亵儿童罪。乔某某猥亵多名儿童，依法应从重处罚。乔某某被抓获后如实供述犯罪事实，依法可从轻处罚。依据《刑法》有关规定，判决被告人乔某某犯猥亵儿童罪，判处有期徒刑四年①。

案例1.6和案例1.7，虽然案情不同，但均是未成年人遭受性侵害的案件。近年来，侵害未成年人犯罪案件总量有所下降，但性侵案件仍呈上升趋势。2020年至2022年，检察机关批准逮捕侵害未成年人犯罪分别为38 854人、45 827人、39 380人，同期提起公诉57 295人、60 553人、58 410人，2022年批捕、起诉人数较2021年分别下降14.07%、3.54%。2022年，起诉强奸、猥亵儿童等性侵未成年人犯罪36 957人，同比上升20.4%②。随着网络的普及应用，未成年人触网低龄化日趋明显。利用网络性侵害未成年人犯罪方式逐渐增多，手段复杂多样，"隔空猥亵""网络性引诱、性胁迫"等新型犯罪行为层出不穷、隐蔽性强、打击难度大，给未成年被害人身心健康带来严重危害③。

我国法律对性侵未成年人犯罪做出了严格的规定。包括《刑法》第二百三十六条、第二百三十六条之一、第二百三十七条、第三百五十八条、第三百五十九条规定的针对未成年人实施的强奸罪，负有照护职责人员性侵罪，强制猥亵、侮辱罪，猥亵儿童罪，组织卖淫罪，强迫卖淫罪，协助组织卖淫罪，引诱、容留、介绍卖淫罪，引诱幼

---

① 最高人民法院：《利用互联网侵害未成年人权益的典型案例》，2018年6月1日。网址：https://www.court.gov.cn/zixun/xiangqing/99432.html
② 最高人民检察院：《未成年人检察工作白皮书（2022）》。网址：https://www.spp.gov.cn/spp/xwfbh/wsfbt/202306/t20230601_615967.shtml#2
③ 张京文：《网络性侵害未成年人的成因及治理之策》，载《人民检察》，2023年第16期。

女卖淫罪等。2023年5月，最高人民法院、最高人民检察院、公安部、司法部出台了《关于办理性侵害未成年人刑事案件的意见》（高检发〔2023〕4号）。该《意见》详细规定了公安机关、检察机关和人民法院在办理性侵害未成年人刑事案件时所应当遵循的要求。其中规定了办理性侵害未成年人刑事案件的原则：一是依法从严惩处性侵害未成年人犯罪；二是坚持最有利于未成年人原则；三是坚持双向保护原则。

（五）经济剥削

未成年人经济剥削，是指雇用或利用未成年人违法从事经济生产活动。任何组织或者个人不得组织未成年人进行危害其身心健康的表演等活动。经未成年人的父母或者其他监护人同意，未成年人参与演出、节目制作等活动，活动组织方应当根据国家有关规定，保障未成年人合法权益。

《未成年人保护法》第六十一条第一款规定：任何组织或者个人不得招用未满16周岁未成年人，国家另有规定的除外。

法律还规定，对于已满16周岁的未成年人，即使已经达到劳动合法年龄，但也不得被营业性娱乐场所、酒吧、互联网上网服务营业场所等不适宜未成年人活动的场所招用。

法律要求合法招用未成年人进行工作的单位和个人，应当执行国家在工种、劳动时间、劳动强度和保护措施等方面的规定，不得安排其从事过重、有毒、有害等危害未成年人身心健康的劳动或者危险作业。

【案例1.8】 王某（未满15周岁）通过招聘广告入职到某美容店工作，2021年3月24日22时，王某在下班回宿舍的路上发生交通事故受伤，被诊断为眼挫伤、眶骨骨折、鼻骨骨折等，交警部门认定王某承担此次事故的全部责任。王某申请劳动仲裁，经鉴定其劳动功能障碍程度为六级。劳动人事争议仲裁委员会裁决该美容店支付王某一次性赔偿金48余万元。美容店不服裁决诉至法院。人民法院判决美容院支付王某相应赔偿金。

案例1.8中，美容店是否应该向王某支付一次性赔偿款呢？王某是不满16周岁的未成年人。《中华人民共和国劳动法》（以下简称《劳动法》）规定"禁止用人单位招用未满十六周岁的未成年人"。因此，美容店招录王某在其店里工作，属于非法使用童工。因此，美容店与王某之间不存在合法有效的劳动关系。因此王某受伤，无法被认定为工伤。但是根据我国《工伤保险条例》第六十六条和《非法用工单位伤亡人员一次性赔偿办法》第二条的规定，美容店不仅应当赔偿王某，而且赔偿标准不低于甚至高于工伤赔偿①。

学习任务四　未成年人常见权利的法律保护

（一）未成年人人身自由权、生命权、健康权、身体权的法律保护

1. 定义

人身自由权，是指自然人在法律范围内有独立行为而不受他人干涉，不受非法逮捕、拘禁，不被非法剥夺、限制自由及非法搜查身体的自由权利。人身自由权包括身体自由权和意志自由权。常见的侵害未成年人人身自由权的行为有拐卖未成年人，非法拘禁、管制未成年人等。

生命权、健康权、身体权是自然人享有的最基本的民事权利。生命权，是指自然人依法享有的生命不受非法侵害的权利。生命是自然人作为权利主体而存在的物质前提，所以保护未成年人的生命权利不受侵犯是我国法律的首要任务。健康权，是指未成年人依法享有的健康不受非法侵害的权利。健康以身体为物质载体，破坏身体完整性，通常会导致对健康的损害。健康权不仅包括生理健康，也包括心理健康，所以身心健康是未成年人生存和进行正常民事活动的前提条件。身体权，是指自然人依法享有的保持身体完整、身体利益支配不受非法侵害的权利。身体是生命的物质载体，是生命得以产生和延续的最基本的条件，由此决定了身体权对自然人至关重要。

身体权、生命权与健康权密切相关，侵害自然人的身体往往导致对自然人健康的损害。但是，生命权以保护生命的延续为内容，身体权所保护的是身体组织的完整及对身体组织的支配。

2. 人身自由权、生命权、健康权、身体权的保护

处在成长阶段的未成年人，他们的人身自由权、生命权、健康权、身体权都很容易受到侵害。侵犯未成年人的人身自由权、生命权、健康权、身体权的行为主要表现有：拐卖未成年人；非法拘禁、管制未成年人；利用未成年人的羞耻、恐怖心理，妨

---

① 郓城县人民法院：《我院一案例获评菏泽市弘扬社会主义核心价值观暨"小案不小办"典型案例》，2023年8月8日。网址：https://m.thepaper.cn/baijiahao_24175402。

碍其行动；欺诈、胁迫；暴力行为，等等。追究受侵害的原因，主要有两点：一是未成年人自身保护意识弱；二是家庭、学校、社会宣教及保护不到位，使得未成年人的权利极易受到侵害。

对于如何保障未成年人的这些权利，青少年权益保护的工作者可以从以下几个方面着手：

第一，寻求法律途径。《宪法》第三十七条中华人民共和国公民的人身自由不受侵犯和《宪法》第四十九条规定父母有教育未成年子女的义务。禁止虐待老人、妇女和未成年人。此外《民法典》《刑法》《未成年人保护法》都对人身自由权、生命权、健康权、身体权的保护做出了规定。当权利受到侵害时，可以依据法律规定向公安机关报案、向检察机关控告或向人民法院提起诉讼等。

第二，全社会共同保护。单靠政府的力量保护未成年人权利是不够的，《未成年人保护法》规定了对未成年人的六大保护。国家、政府、社会、学校、家庭、网络均负有义务对未成年人权益进行保护。

第三，对未成年人加强法律宣教，普及权利意识，使未成年人能够意识到自己享有人身自由权、生命权、健康权、身体权，从而做好自身保护；当权利受到侵害时懂得通过何种途径和方式维权。

【案例1.9】2013年5月，吴某豹、任某强等人共同出资，经报批在南昌市开办"南昌市青山湖区豫章书院修身教育专修学校"（简称"豫章书院"）。该校于2014年1月7日经批准增挂"青山湖区阳光学校"校牌，承担重点青少年的教育和行为矫正。2013年5月至2017年11月期间，吴某豹（该校理事长）、任某强（该校校长、法定代表人）等人违反办学许可规定，对该校学生施行有关心理治疗、精神障碍治疗活动的"森田疗法"，在校内设立"烦闷解脱室"（亦称"斋戒室""静心室"），将学生带入其中进行禁闭并安排人员专门看管，非法剥夺学生的人身自由。其间，先后分别禁闭被害人罗某等未成年人11人，每次禁闭时间3~10日不等。上述被害人至豫章书院就读，均经其家长同意①。

案例1.9中，被告人吴某豹、任某强等人将未成年人关禁闭，这已经不是教育理念的问题，而是已经违反了《宪法》《民法典》《刑法》等法律规定，侵犯了学生们的人身自由权。法院认为，被告人吴某豹、任某强等人非法剥夺他人的人身自由，其行

---

① 朱远祥：《吴某豹、任某强等人非法拘禁刑事附带民事诉讼案一审公开宣判》，2020年7月8日。网址：https://legal.gmw.cn/2020-07/08/content_33975343.htm

为均已构成非法拘禁罪。该案由于侵犯了未成年人的人身自由权，因此，被告人除了承担刑事责任外，还将承担由此带来的民事侵权责任。

（二）未成年人隐私权的法律保护

1. 定义

隐私权，是指自然人享有的私人生活、私人活动与私人信息秘密依法受到保护，不被他人非法侵扰、知悉、收集、利用和公开的一种基本权利，而且权利主体对他人在何种程度上可以介入自己的私生活，自己的隐私是否向他人公开，以及公开的人群范围和程度等具有决定权。我国法律将隐私权作为自然人的一项具体人格权加以保护。由于未成年人在社会中处于弱势主体，因此其隐私权更易受到忽视和侵害。

2. 隐私权的保护

近年来，随着网络技术的发展，未成年人的隐私权越来越多地受到侵害。侵犯未成年人隐私权的行为主要表现为：未经未成年人父母或者其他监护人同意，公开其姓名、肖像、住址；私拍未成年人私生活镜头，窥探未成年人室内情况；私拆未成年人信件，偷看未成年人日记，以及将它们公开；泄露未成年人的个人材料，或公诸于众，或扩大公开范围；收集未成年人不愿向社会公开的纯属个人的情况。

根据上述侵犯未成年人隐私权的行为，作为青少年权益保护的工作者，在实务中可以从以下几点对未成年人的隐私权进行保护：

第一，寻求法律途径。《未成年人保护法》第六十三条第二款规定，除法律规定的情形外，任何组织或者个人不得开拆、查阅未成年人的信件、日记、电子邮件或者其他网络通信内容。如果未成年人的隐私权受到侵犯，可以寻求司法救济。未成年人、未成年人父母或其监护人可以向人民法院提起诉讼，要求侵权者承担法律责任。同时，也可以向公安机关报案，请求公安机关依法处理。

【案例1.10】2020年10月至11月，未成年人邹某偷拍同学冯某的隐私视频，后发送他人，冯某因此遭受精神困扰。同学项某向邹某索要该视频，并通过网络聊天软件对冯某进行言语骚扰。该视频及相关言论传播至冯某所在学校，使冯某学习和生活受到严重影响。冯某及其监护人向人民法院提起诉讼，并向当地人民检察院申请支持起诉维护其隐私权。检察机关对隐私视频内容、网络传播情况开展调查，引导女性法律援助律师对损害结果进行取证，确认冯某精神损害情况。同时委托心理医生稳定冯某情绪，防止造成二次伤害。经调查，检察机关依法支持起诉，并协助提供关键证据。法院支持全部诉讼请求，判决邹某立即停止侵害、书面赔礼道歉以及赔偿精神损害赔偿金①。

第二，做好隐私权保护的宣教，加强未成年人隐私权自我保护意识。使未成年人学会正确使用网络和社交媒体等工具，不随意透露个人信息和敏感信息。告诉未成年人在遇到侵犯隐私权的行为时，应当及时向家长、老师或相关部门报告并寻求帮助。

第三，加强未成年人隐私权的网络保护。根据《未成年人网络保护条例》规定，学校、社区、图书馆、文化馆、青少年宫等场所为未成年人提供互联网上网服务设施的，应当通过安排专业人员、招募志愿者等方式，以及安装未成年人网络保护软件或者采取其他安全保护技术措施，为未成年人提供上网指导和安全、健康的上网环境。对于作为未成年人的家长或其他监护人，也应该监控和保护他们的上网行为，避免他们泄露个人信息和隐私。

（三）未成年人性权利的法律保护

【案例1.11】 2015年9月至2016年8月期间，邹某某任某中学数学老师，小娜（化名）为该校高中学生。2016年9月，邹某某从该校辞职，到另一所中学任临时代课老师。从2015年10月到案发前，邹某某受雇为小娜的家教老师。2016年3月至案发期间，邹某某利用给小娜辅导功课之机，多次强制猥亵小娜，并多次强行与小娜发生性关系。小娜曾经跟父母多次提出不想让邹某某继续给其补课，但小娜的父母觉得是小娜成绩提高了就不想学习了，所以没有同意。小娜称，邹某某威胁恐吓她，不许她跟别人说，她碍于面子觉得难以启齿，只能继续隐忍，不敢向父母说出真相。后来，小娜的父亲在家里安装了监控，通过监控，他们终于发现了女儿遭侵害的事实，并报警。人民法院以强奸罪判处被告人邹某某有期徒刑九年；以强制猥亵罪判处被告人邹某某有期徒刑四年；决定执行有期徒刑十二年六个月。禁止被告人邹某某自刑罚执行完毕或者假释之日起五年内从事与未成年人相关的教育工作。

1. 性权利的定义

性权利是一种普遍人权，它基于与生俱来的自由尊严和全体人类的平等。对于未成年人来说，因为没有婚姻生活，似乎就没什么性权利可言。但实际上，性权利不仅是婚内夫妻性生活的权利，更涉及生理、心理和社会生活中的诸多方面。但在不同的成长阶段和不同的生活环境下，人们有着不同的性权利。《性权利宣言》将性权利总结

---

① 最高人民检察院：《检察机关加强未成年人网络保护综合履职典型案例》，2023年5月。网址：https://baijiahao.baidu.com/s?id=1767397725727100831&wfr=spider&for=pc

为 11 个类别，其中未成年人普遍享有的是性自由权、性隐私权、性平等权、性教育权、性快乐权、性情感表达权、性知情权、性卫生保健权。

案例 1.10 中，职业教师邹某某利用家教时间违背女性意志，多次强行与未成年女学生发生性关系，侵犯了小娜的性权利，其行为构成强奸罪；同时，邹某某以胁迫方式多次强制猥亵未成年的小娜，也是侵犯了小娜的性权利，构成了强制猥亵罪，应与强奸罪并罚。

值得一提的是，该案是对性侵害未成年的被告人宣告"从业禁止"的案件。2022 年 11 月，最高人民法院、最高人民检察院和教育部出台了《关于落实从业禁止制度的意见》（以下简称《意见》），更加严格地规定了"从业禁止"制度。该《意见》规定，实施性侵害、虐待、拐卖、暴力伤害等违法犯罪的人员，禁止从事密切接触未成年人的工作；教职员工实施性侵害、虐待、拐卖、暴力伤害等犯罪的，人民法院应当依法判决禁止其从事密切接触未成年人的工作。

2. 未成年人性权利的保护

对未成年人性权利的保护，建议从以下几个方面进行：

第一，寻求法律途径。我国《刑法》第二百三十六条规定，以暴力、胁迫或者其他手段强奸妇女的，处三年以上十年以下有期徒刑。奸淫不满十四周岁的幼女的，以强奸论，从重处罚。第二百三十六条之一规定，对已满十四周岁不满十六周岁的未成年女性负有监护、收养、看护、教育、医疗等特殊职责的人员，与该未成年女性发生性关系的，处三年以下有期徒刑；情节恶劣的，处三年以上十年以下有期徒刑。当性权利遭到侵害或者有侵害风险时，受害人及其监护人要及时向公安机关报案。

第二，相关部门履行强制报告义务。根据《最高人民检察院、国家监察委员会、教育部、公安部、民政部、司法部、国家卫生健康委员会、中国共产主义青年团中央委员会、中华全国妇女联合会关于建立侵害未成年人案件强制报告制度的意见（试行）》，国家机关、法律法规授权行使公权力的各类组织及法律规定的公职人员，密切接触未成年人行业的各类组织及其从业人员，在工作中发现未成年人遭受或者疑似遭受下列情形时，应当立即向公安机关报案或举报：一是未成年人的生殖器官或隐私部位遭受或疑似遭受非正常损伤的；二是不满十四周岁的女性未成年人遭受或疑似遭受性侵害、怀孕、流产的；三是十四周岁以上女性未成年人遭受或疑似遭受性侵害所致怀孕、流产的；四是其他严重侵害未成年人身心健康的情形或未成年人正在面临不法侵害危险的。

上述"密切接触未成年人行业的各类组织",是指依法对未成年人负有教育、看护、医疗、救助、监护等特殊职责,或者虽不负有特殊职责但具有密切接触未成年人条件的企事业单位、基层群众自治组织、社会组织。例如,居民委员会、村民委员会[以下简称"居(村)民委员会"]、中小学校、幼儿园、校外培训机构、未成年人校外活动场所等教育机构及校车服务提供者,托儿所等托育服务机构,医院、妇幼保健院、急救中心、诊所等医疗机构,儿童福利机构、救助管理机构、未成年人救助保护机构、社会工作服务机构,旅店、宾馆,等等。

第三,加强宣教。学校和社会应该加强对于未成年人性知识的普及和教育,提高他们的自我保护意识和能力。值得一提的是,无论学校还是社会,应当加大对未成年人监护人的宣教,使家长重视对未成年人性权利的保护。家长应当认真履行监护职责,关注孩子的身心健康,及时发现和处理孩子遭受性侵害的问题。同时,从家庭教育的角度加强对孩子的安全教育和防范意识的培养。

第四,学校履行相应职责。根据《未成年人学校保护规定》,未成年人学校应当落实法律规定建立学生欺凌防控和预防性侵害、性骚扰等专项制度,建立对学生欺凌、性侵害、性骚扰行为的零容忍处理机制和受伤害学生的关爱、帮扶机制。学校应当建立健全教职工与学生交往行为准则、学生宿舍安全管理规定、视频监控管理规定等制度,建立预防、报告、处置性侵害、性骚扰工作机制。学校应当采取必要措施预防并制止教职工以及其他进入校园的人员实施以下行为:与学生发生恋爱关系、性关系;抚摸、故意触碰学生身体特定部位等猥亵行为;对学生做出调戏、挑逗或者具有性暗示的言行;向学生展示传播包含色情、淫秽内容的信息、书刊、影片、音像、图片或者其他淫秽物品;持有包含淫秽、色情内容的视听、图文资料;其他构成性骚扰、性侵害的违法犯罪行为。学校应当严格执行入职报告和准入查询制度,不得聘用因虐待、性骚扰、体罚或者侮辱学生等情形被开除或者解聘的人员。

学习任务五 未成年人权利保护工作实务

未成年人权利保护工作实务涉及多个方面,需要家庭、学校、社会、司法和政府等各方面共同努力,形成合力,共同保障未成年人的合法权益。

(一)家庭保护

家庭是未成年人成长的基础,父母或其他监护人应当为未成年人提供生活照顾和情感支持，关注他们的身心健康和成长发展。同时，家庭应当教育未成年人遵守法律法规和社会公共秩序，培养良好的道德品质和行为习惯。

《未成年人保护法》第十五条规定，未成年人的父母或者其他监护人应当学习家庭教育知识，接受家庭教育指导，创造良好、和睦、文明的家庭环境。作为未成年人父母或其他监护人，应当依法履行监护职责。《民法典》中对未成年人监护做了全面的规定。《未成年人保护法》进一步细化了监护职责。

工作实务中，乡镇政府（街道办事处）的儿童权利督导员和居（村）民委员会"儿童主任"对辖区内的未成年人监护进行监督——对辖区内孤儿、留守儿童、困境儿童、事实无人抚养儿童及监护缺失未成年人开展走访入户排查工作，定期随访、巡视，动态监测。

《家庭教育促进法》规定，各级人民政府指导家庭教育工作，建立健全家庭、学校、社会协同育人机制。县级以上人民政府负责妇女儿童工作的机构，组织、协调、指导、督促有关部门做好家庭教育工作。例如，教育行政部门、妇女联合会的职责就是要统筹协调社会资源，协同推进覆盖城乡的家庭教育指导服务体系建设，并按照职责分工承担家庭教育工作的日常事务。再如，县级以上精神文明建设部门和县级以上人民政府公安、民政、司法行政、人力资源和社会保障、文化和旅游、卫生健康、市场监督管理、广播电视、体育、新闻出版、网信等有关部门要在各自的职责范围内做好家庭教育工作。

（二）学校保护

学校是未成年人接受教育的主要场所，应当为未成年人提供安全、健康、和谐的校园环境。学校应当建立完善的未成年人保护机制，预防校园欺凌、性侵、虐待等侵害行为，同时关注未成年人的心理健康和成长需求，提供必要的心理辅导和支持。在《教育法》和《未成年人保护法》的基础上，教育部专门出台了《未成年人学校保护规定》，对普通中小学、中等职业学校如何对未成年人在校学习、生活期间合法权益进行保护做了详细规定。

（三）社会保护

社会应当为未成年人提供良好的成长环境，保护他们的合法权益。社会应当加强未成年人权益保护的宣传和教育，提高公众对未成年人权益保护的意识。同时，社会应当积极参与未成年人保护工作，为未成年人提供必要的支持和帮助。

（四）司法保护

司法机关依法保护未成年人的合法权益，对侵害未成年人权益的行为进行惩处和打击。法律规定了司法机关对未成年人案件处理的特别程序，保障未成年人的合法权益得到充分保障。同时，司法机关应当积极参与社会治安综合治理，加强与相关部门的协作配合，共同维护社会稳定和安全。

（五）政府保护

政府负责制定和完善未成年人权利保护的法律法规和政策措施，为未成年人提供全方位的保护和支持。近年来，政府在加强未成年人保护机构和队伍建设方面持续发力，旨在提高未成年人保护工作的专业性和有效性。同时，政府还积极推动家庭、学校、社会、司法和政府五大保护体系的协调配合，形成合力，共同保障未成年人的合法权益。

（六）网络保护

【案例1.12】 原告甲某年仅10岁，居住在西南偏远地区，学习成绩优异。因父母忙于生计，工作不稳定，甲某自幼与姨父姨母生活在一起。由于家人网络安全意识不足，缺乏对未成年人用网行为的监督管理，仅在2022年国庆假期期间，甲某私自使用家人的微信、支付宝在某视频网络平台进行信用卡充值打赏消费，金额高达7万余元。甲某的监护人认为该大额充值行为不发生法律效力，诉至法院，要求退还已充值的款项。法院审理期间，当事人达成和解协议，原告申请撤回起诉。审理中，法院发现甲某长期在姨父姨母家中生活，父母及成年共同居住人缺乏对甲某用网行为的监督管理，且对个人支付宝、微信银行卡密码保管不当，导致甲某可以轻易发起网络支付。法院遂向甲某的父母及姨父姨母发出《家庭教育指导令》，要求其树立教育引导子女健康上网的意识，引导其形成健康的用网习惯，加强陪伴，预防其沉迷网络；选择适合未成年人的服务模式和管理功能；提升个人网络安全意识及用网能力，管理好家庭及个人上网设备，保管好银行卡，对网络支付设置必要的支付密码并妥善保管[1]。

多年来，我国未成年人网络保护工作一直坚持中国共产党的领导，坚持以社会主

---

[1] 北京互联网法院：《北京互联网法院涉未成年人纠纷典型案例》，2023年5月。网址：https://baijiahao.baidu.com/s?id=1766876660848110109&wfr=spider&for=pc

义核心价值观为引领，坚持最有利于未成年人的原则，适应未成年人身心健康发展和网络空间的规律和特点，实行社会共治。当前，我国未成年人网络保护成效显著。在2020年新修订的《未成年人保护法》中设专章规定了"网络保护"。该法律规定：国家、社会、学校和家庭应当加强未成年人网络素养宣传教育，培养和提高未成年人的网络素养，增强未成年人科学、文明、安全、合理使用网络的意识和能力，保障未成年人在网络空间的合法权益。在此基础上，2023年9月20日国务院第15次常务会议通过了《未成年人网络保护条例》，全面对未成年人网络保护做出规定，旨在营造有利于未成年人身心健康的网络环境，保障未成年人合法权益。

所涉及部门

未成年人权利保护涉及的部门包括居委会、村委会、工信部、宣传部门、民政部门、教育部门、公安部门、检察机关、人民法院等（妇联、妇儿工委办公室）。

思考题

□ 请思考在维护未成年人工作中应该着重保护未成年人的哪些权利？

□ 请思考如何借鉴外国维护未成年人权利的方法并运用到我国保护未成年人权利的工作中。

□ 请思考在实际工作中如何更好地维护未成年人的性权利。

□ 请思考如何更好地维护未成年人的隐私权。

□ 请思考如何更好地维护未成年人的受教育权。

专题实训

请根据所学内容开发一个具体的针对维护未成年人隐私权的项目。要求：撰写项目开发策划案，策划案包括但不限以下各项：项目目的、项目所涉及相关部门、项目的内容、项目中应当注意的法律问题。

法条链接

《民法典》第十七条　十八周岁以上的自然人为成年人。不满十八周岁的自然人为未成年人。

《民法典》第十八条　成年人为完全民事行为能力人，可以独立实施民事法律行为。

十六周岁以上的未成年人，以自己的劳动收入为主要生活来源的，视为完全民事行为能力人。

《民法典》第十九条　八周岁以上的未成年人为限制民事行为能力人，实施民事法律行为由其法定代理人代理或者经其法定代理人同意、追认；但是，可以独立实施纯获利益的民事法律行为或者与其年龄、智力相适应的民事法律行为。

《民法典》第二十条　不满八周岁的未成年人为无民事行为能力人，由其法定代理人代理实施民事法律行为。

《民法典》第九百九十条　人格权是民事主体享有的生命权、身体权、健康权、姓名权、名称权、肖像权、名誉权、荣誉权、隐私权等权利。

除前款规定的人格权外，自然人享有基于人身自由、人格尊严产生的其他人格权益。

《民法典》第九百九十一条　民事主体的人格权受法律保护，任何组织或者个人不得侵害。

《未成年人保护法》第二条　本法所称未成年人是指未满十八周岁的公民。

《未成年人保护法》第三条　国家保障未成年人的生存权、发展权、受保护权、参与权等权利。

未成年人依法平等地享有各项权利，不因本人及其父母或者其他监护人的民族、种族、性别、户籍、职业、宗教信仰、教育程度、家庭状况、身心健康状况等受到歧视。

《未成年人保护法》第四条　保护未成年人，应当坚持最有利于未成年人的原则。处理涉及未成年人事项，应当符合下列要求：

（一）给予未成年人特殊、优先保护；

（二）尊重未成年人人格尊严；

（三）保护未成年人隐私权和个人信息；

（四）适应未成年人身心健康发展的规律和特点；

（五）听取未成年人的意见；

（六）保护与教育相结合。

学习模块二

未成年人监护工作实务

引 文

张某（女）与李某于2019年5月登记结婚，婚后在B市某社区居住。双方于2020年11月生育一女，取名李某某。2021年4月19日起，张某与李某开始分居，后协议离婚未果。同年7月7日，李某某之父李某及祖母刘某在未经李某某之母张某允许的情况下擅自将李某某带走，回到D市。此时李某某尚在哺乳期内，张某多次要求探望均被李某拒绝。张某遂提起离婚诉讼，法院于2022年1月13日判决双方不准离婚。虽然双方婚姻关系依旧存续，但已实际分居，其间李某某与李某、刘某共同生活，张某长期未能探望孩子。2022年1月5日，张某以监护权纠纷为由提起诉讼，请求判令李某、刘某将李某某送回，并由自己依法继续行使对李某某的监护权。一审法院于2022年3月22日作出民事判决：驳回原告张某的诉讼请求。宣判后，张某不服，提起上诉，二审法院于2022年7月13日作出民事判决：一、撤销一审民事判决；二、李某某暂由上诉人张某直接抚养；三、被上诉人李某可探望李某某，上诉人张某对被上诉人李某探望李某某予以协助配合①。

学习目标

知识目标：掌握未成年人监护的基本概念、特征和种类，了解监护人的设立和职责。熟悉未成年人监护的法律规定和相关政策。了解未成年人监护实践中常见的法律问题和争议。

---

① 最高人民法院新闻局：《最高人民法院首次发布未成年人司法保护专题指导性案例》，2024年5月30日。网址：https://www.court.gov.cn/zixun/xiangqing/433761.html

能力目标：提高分析和解决未成年人监护法律问题的能力，能够运用法律知识对实际问题进行判断和处理。增强与未成年人及其监护人沟通的能力，了解他们的需求和诉求，提供合适的法律帮助和建议。

素养目标：培养尊重和保护未成年人权益的法律意识，认识到监护人对未成年人成长和发展的重要影响。提升对未成年人监护法律工作的责任感和使命感，积极参与相关工作和活动，为未成年人提供优质的法律服务。

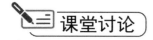

请谈谈未成年人监护制度的重要性？结合自身实践，谈谈监护缺失的情况及危害？

学习任务一　未成年人监护制度概述

未成年人监护制度是法律上为了保护未成年人的权益而设立的一项制度。在监护制度下，未成年人的父母或其他监护人必须履行一系列职责，以确保未成年人的身心健康和安全。

（一）未成年人监护的概念

未成年人监护制度，是指法律规定的对未成年人的保护和监管措施。《民法典》第二十六条规定："父母对未成年子女负有抚养、教育和保护的义务。"未成年人的父母是未成年人的监护人，如果父母死亡或无监护能力，由有监护能力的祖父母、外祖母、兄姐担任监护人；其他愿意担任监护人的个人或者组织，依法也可担任监护人。

（二）未成年人监护的特征

未成年人监护制度是民法典中非常重要的制度之一，其特征主要包括以下几个方面：

①被监护人年龄的特殊性。未成年人监护中的被监护人仅包括未成年人。相比较，成年监护的被监护人是无民事行为能力或者限制民事行为能力的成年人，即已满十八周岁，但是没有完全民事行为能力的自然人，如智力障碍人士、植物人等。

②监护人范围的特定性。根据法律规定，担任未成年人监护人的范围是未成年人

的父母、祖父母、外祖父母、兄姐及其他愿意担任监护人的个人或者组织等。其中，未成年人的父母是当然的未成年子女的监护人；只有在其已经死亡或者没有监护能力时，才由其他有监护资格的人担任监护人。相比较，成年人的监护人范围是配偶、父母、子女，其他近亲属，以及其他愿意担任监护人的个人或者组织。

③监护期限的阶段性。由于未成年人监护所针对的对象是未成年人，因此，未成年人监护在其成年后监护关系终止。换言之，当被监护人成年后就不再受监护。

(三) 未成年人监护的类型

根据《民法典》的规定，未成年人监护主要包括法定监护、遗嘱指定监护、协议监护、指定监护四种类型。

1. 法定监护

未成年人法定监护，是指未成年人监护人是由法律直接规定而设置的监护。根据《民法典》的规定，首先未成年人的父母是其监护人。当未成年人的父母已经死亡或者没有监护能力时，则由其祖父母/外祖父母、兄/姐、其他愿意担任监护人的个人或者组织按顺序担任监护人。

2. 遗嘱指定监护

遗嘱指定监护，是指被监护人的父母担任监护人的，可以通过遗嘱指定监护人。这种监护类型在父母死亡或者丧失监护能力的情况下，可以按照父母的遗嘱确定监护人。

【案例2.1】小陈出生在一个贫困家庭。父亲陈某患有双相情感障碍，发病时会有严重暴力行为，自2017年起便长期在精神卫生中心住院治疗。母亲徐某乙于2020年确诊患胃癌（晚期），在与病魔抗争三年后不幸于2023年3月8日过世。弥留之际，徐某乙尽其所能安排好身后事，订立了指定监护人遗嘱，指定小陈的大姨徐某甲担任监护人，并给小陈父子留下了一笔钱款。2023年6月，徐某甲向上海长宁法院提出指定监护人申请，上海市长宁区人民检察院支持起诉。长宁区人民法院支持徐某的诉请，由其担任小陈的监护人①。

3. 协议监护

协议监护，是指出具有监护资格的人之间通过协议确定的未成年人监护人。协议

---

① 上海市长宁区司法局网易号：《上海市长宁区司法局，以法之力　未爱无疆——全国首次！遗嘱监护有了监督人!》，2023年8月30日。网址：https://www.163.com/dy/article/IDDH6ALU0534129Y.html

可以排除法定的监护顺序——依法具有监护资格的人之间可以依法约定由顺序在后的人担任监护人。另外，协议可以约定监护人为一人，也可以约定为多人共同担任监护人——依法具有监护资格的人之间可以依法约定由不同顺序的人共同担任监护人。

但是法律协议监护是有一定限制的——未成年人的父母与其他依法具有监护资格的人订立协议，约定免除具有监护能力的父母的监护职责的，协议无效。

4. 指定监护

未成年人指定监护，是指当对监护人的确定有争议时，由被监护人住所地的居（村）民委员会或者民政部门指定监护人，有关当事人对指定不服的，可以向人民法院申请指定监护人；有关当事人也可以直接向人民法院申请指定监护人。在指定监护人时，居（村）民委员会、民政部门或者人民法院应当尊重被监护人的真实意愿，按照最有利于被监护人的原则在依法具有监护资格的人中指定监护人。监护人被指定后，不得擅自变更；擅自变更的，不免除被指定的监护人的责任。

根据《最高人民法院关于适用〈中华人民共和国民法典〉总则编若干问题的解释》规定，指定监护人时，应当尊重被监护人的真实意愿，按照最有利于被监护人的原则指定，具体参考以下因素：第一，与被监护人生活、情感联系的密切程度；第二，依法具有监护资格的人的监护顺序；第三，是否有不利于履行监护职责的违法犯罪等情形；第四，依法具有监护资格的人的监护能力、意愿、品行等。

学习任务二　未成年人监护人及其职责

（一）未成年人监护人的范围和顺序

《民法典》第二十七条规定：父母是未成年子女的监护人。

未成年人的父母已经死亡或者没有监护能力的，由下列有监护能力的人按顺序担任监护人：

①祖父母、外祖父母；

②兄、姐；

③其他愿意担任监护人的个人或者组织，但是须经未成年人住所地的居民委员会、村民委员会或者民政部门同意。

未成年人的第一顺位监护人为其父母，其次是祖父母、外祖父母，然后是未成年人的兄、姐。如果以上顺序均无法成为监护人的，经过未成年人所在地的居（村）民委员会或民政局同意，其他单位及个人可以自愿成为该未成年人的监护人。

根据法律规定，自然人的监护能力，应当根据其年龄、身心健康状况、经济条件等因素确定；有关组织的监护能力，应当根据其资质、信用、财产状况等因素确定。

【案例 2.2】 蔡某与邓某于 2013 年 7 月经人民法院调解离婚，婚生子蔡小某（2008 年 5 月出生）由蔡某直接抚养，邓某每月支付抚养费人民币 200 元至蔡小某年满 18 周岁为止。后蔡某以邓某学历低、未按时支付抚养费且个人私生活对孩子造成不良影响为由，请求人民法院判决邓某探望孩子必须征得其同意，不得离开其视线，且不得将孩子带到邓某新组建的家庭。庭审中，邓某出示了转账记录、照片等证据，拟证明其按时给付了抚养费，且母子关系较好。綦江区人民法院经审理认为，不直接抚养子女的一方有探望子女的权利，另一方有协助的义务。蔡某设置苛刻条件限制邓某探望孩子，既妨碍了邓某的探望权，也影响了孩子对母爱的需求，故对其诉讼请求不予支持。宣判后，双方均未上诉，判决已生效①。

课堂讨论

夫妻二人离异后，双方是否均为未成年人子女的监护人？一方是否有权阻止另一方探望其未成年人子女？

（二）未成年人监护人的职责

《民法典》和《未成年人保护法》对未成年人监护人的监护职责做了明确规定。其中，《未成年人保护法》第七条规定，未成年人的父母或者其他监护人依法对未成年人承担监护职责。国家采取措施指导、支持、帮助和监督未成年人的父母或者其他监护人履行监护职责。除此之外，《家庭教育促进法》也对未成年人在监护职责范围内如何进行家庭教育做了规定。

1. 为未成年人提供生活、健康、安全等方面的保障的职责

作为管理未成年人的第一责任人，父母和其他监护人的首要任务就是保障未成年人的生存权和发展权。他们应当满足未成年人基本的生存条件、健康保障和安全保障。

---

① 田荣，《綦江法院案例入选重庆法院实施〈家庭教育促进法〉典型案例》，2022 年 8 月 11 日。网址：http://qjqfy.cqfygzfw.gov.cn/article/detail/2022/08/id/6844945.shtml

例如，为被监护人提供衣、食、住、行等生活必需品。再如，为未成年人提供安全的家庭生活环境，及时排除引发触电、烫伤、跌落等伤害的安全隐患；采取配备儿童安全座椅、教育未成年人遵守交通规则等措施。

2. 关注未成年人的生理、心理状况和情感需求的职责

监护人应当关注到未成年人在不同生长发育阶段中表现出来的生理和心理特征，学习掌握科学的育儿方法，尽力满足被监护人的心理需求，帮助其成长。未成年人的"情感需求"，是指其在情感层面上的渴望和需要，主要包括得到爱、关注、理解和支持等。情感需求的满足是未成年人健康成长的重要保障。家长、学校和社会应该给予充分的关注和支持。除了应当给未成年人营造一个和谐、包容的成长环境外，还应当尊重他们的个体差异，给予他们充分的自由和鼓励，帮助其建立自信，从而使他们得到来自家庭、朋友和社会的接纳与认同，得到他人的尊重与认可，得到实现自我价值的机会。

3. 教育和引导未成年人遵纪守法、勤俭节约，养成良好的思想品德和行为习惯的职责

未成年人还处在认识世界和社会的关键期。父母及其他监护人应当注重对未成年人正确世界观、人生观、价值观的培养，养成其良好的品行。遵纪守法是对未成年人的纪律和法治教育；勤俭节约是对未成年人中华传统美德的教育。通过上述教育，提升未成年人思想道德水平，促进未成年人健康成长。监护人在开展教育时，不仅要言传，还要身教——树立榜样，自觉遵守法律法规，践行勤俭节约的生活方式，为孩子树立良好的行为示范。

【案例2.3】未成年人周某从小随父母生活在E省某市，后周某的母亲因工作变动将周某带至Q省生活、上学，周某父亲仍在E省工作。周某在Q省生活、学习的时间并不长，对新的生活环境尚处在适应过程中。因工作原因，周某母亲无论在学习还是生活上，均缺乏对周某的关心；周某父亲由于在异地工作，也只是偶尔电话问候周某。由于父母疏于对周某的教育管理，加之周某不适应新的生活环境，周某开始与社会上的闲散青年接触，时常不回家。在一次街头冲突中，周某因打架斗殴被公安机关治安处罚。事后，周某父母未引起重视，仍未对周某进行有效引导，更未进行必要的遵纪守法教育和思想品德教育。不久，周某再次与多人打架斗殴，被检察机关以涉嫌寻衅滋事罪提起公诉。法院经审理认为，周某的行为构成寻衅滋事罪，判处有期徒刑一年两个月。

案例2.3中，周某父母监护的缺失、法律意识的淡薄、教育方法的不当是周某走

上违法犯罪道路的原因。只有未成年人监护人正确履行家庭教育职责,才能够为未成年人健康成长营造良好的家庭环境,从而自源头上预防和消除未成年人违法犯罪。

4. 对未成年人进行安全教育,提高未成年人的自我保护意识和能力的职责

未成年人的安全意识薄弱,自我保护能力相对不强。因此,监护人应当加强对未成年人在交通安全、防溺水、防火、防欺凌与暴力、网络安全以及应急避险等方面的教育。通过全面的安全教育提高未成年人的安全意识和自我保护能力,保障他们的健康成长。一是交通安全教育。教导未成年人遵守交通规则、佩戴安全头盔、遵守交通信号等。二是防溺水教育。告诫未成年人不要独自到水域游泳、教授基本的溺水自救和互救方法等。三是防火教育。教导未成年人不要玩火、远离火源,学会火警电话的拨打方法,学会基本的火灾逃生方法和灭火器的使用方法。四是防欺凌与暴力教育。向未成年人讲授抵抗欺凌行为的方法,尤其是如何避免网络欺凌。五是网络安全教育。教导未成年人不要随意透露个人信息,警醒他们不要轻信网络上的陌生人,避免网络诈骗。六是紧急避险教育。教导未成年人在遇到自然灾害时迅速避难的方法,教授他们了解基本的应急避险技能等。

5. 尊重未成年人受教育的权利,保障适龄未成年人依法接受并完成义务教育的职责

未成年人受教育的权利包括学习机会权、学习条件权和学习成功权。我国《宪法》和《教育法》《义务教育法》等法律明确规定了未成年人接受义务教育的权利和义务。家长或其他监护人应当尊重未成年人的受教育权,使适龄未成年人依法入学接受并完成义务教育,不得使接受义务教育的未成年人辍学。同时,学校和社会也应当尊重和保护未成年人的受教育权,不得侵犯或剥夺他们的这项权利。

6. 保障未成年人休息、娱乐和体育锻炼的时间,引导未成年人进行有益身心健康的活动的职责

未成年人的身心发展尚未成熟,他们需要充足的休息时间来恢复体力和精力,以应对日常的学习和生活压力。此外,通过参与各种娱乐和体育活动,未成年人可以锻炼体魄,丰富生活体验,培养团队合作精神和竞争意识。因此保障未成年人的休息、娱乐和体育锻炼,不仅有助于促进他们的身体健康,还有助于提高他们的学习效率和生活质量。

【案例2.4】2021年中共中央办公厅、国务院办公厅印发《关于进一步减轻义务教育阶段学生作业负担和校外培训负担的意见》,其中规定:学校和家长要引导学生放学

回家后完成剩余书面作业，进行必要的课业学习，从事力所能及的家务劳动，开展适宜的体育锻炼，开展阅读和文艺活动。个别学生经努力仍完不成书面作业的，也应按时就寝。引导学生合理使用电子产品，控制使用时长，保护视力健康，防止网络沉迷。

7. 妥善管理和保护未成年人的财产的职责

未成年人与成年人一样，享有财产权。未成年人的合法财产应当受到法律保护。因此父母或者其他监护人应当按照最有利于被监护人的原则依法妥善管理和保护未成年人的财产。非为被监护人的利益，如重大疾病需要治疗、教育投入等，不得处理被监护人的财产。监护人在做出与被监护人利益有关的决定时应当根据被监护人的年龄和智力状况尊重被监护人的真实意愿。如父母或监护人无法很好地保护未成年人的财产权益，可以考虑设立财产管理人。财产管理人可以对未成年人所有的财产进行管理，以防止父母或其他监护人与未成年人的财产利益相冲突，无法对未成年人财产进行合理有效的管理，从而损害未成年人的财产权。除此之外，监护人还应对未成年人进行教育和引导，帮助他们树立正确的财产观念，学会妥善管理和使用自己的财产。

8. 依法代理未成年人实施民事法律行为的职责

由于处于身心发展的特殊阶段，未成年人还无法或者无法全部辨认自己的行为后果，民事行为能力不足，无法独立实施与其年龄、智力、精神健康状况不相适应的民事法律行为，如签订合同、参加诉讼等。因此父母或其他监护人有义务代理未成年人实施民事法律行为，以保护其合法权益。《民法典》第三十五条规定："监护人应当按照最有利于被监护人的原则履行监护职责。监护人除为维护被监护人利益外，不得处分被监护人的财产。"

【案例 2.5】2021 年，韩某因资金短缺，以自己未成年儿子名下的房产为抵押，向郭某借款 40 万元。双方签订了借款抵押合同，韩某以法定监护人的名义代未成年儿子签了字。后韩某未如约还款，郭某向浚县法院起诉，要求韩某还款，并诉请对抵押房产享有优先受偿权[①]。

案例 2.5 中，韩某作为监护人，在向郭某借款时，将其被监护人的房产作为抵押物抵押给郭某的行为，目的不是维护被监护人的利益，因此侵害了未成年子女的合法权益，属于无效代理行为。

---

① 李杰：《为借钱抵押被监护人名下房产 法院：侵害未成年人子女权益，代理行为无效》，《河南法制报》，2024 年 1 月 3 日。网址：https://baijiahao.baidu.com/s?id=17870417780019479988&wfr=spider&for=pc

9. 预防和制止未成年人的不良行为和违法犯罪行为,并进行合理管教的职责

这里所指的"未成年人的不良行为"是广义的,包括狭义未成年人不良行为和未成年人严重不良行为。

所谓"未成年人的不良行为",是指未成年人实施的不利于其身心健康成长且不构成犯罪的行为。这些行为虽然尚不具有社会危害性,但可能会对未成年人的成长和发展产生负面影响。根据《中华人民共和国预防未成年人犯罪法》(以下简称《预防未成年人犯罪法》)的规定,未成年人的不良行为包括:吸烟、饮酒;多次旷课、逃学;无故夜不归宿、离家出走;沉迷网络;与社会上具有不良习性的人交往,组织或者参加实施不良行为的团伙;进入法律法规规定未成年人不宜进入的场所;参与赌博、变相赌博,或者参加封建迷信、邪教等活动;阅览、观看或者收听宣扬淫秽、色情、暴力、恐怖、极端等内容的读物、音像制品或者网络信息等;其他不利于未成年人身心健康成长的不良行为。

所谓"未成年人严重不良行为",是指未成年人实施的由《刑法》规定、因不满法定刑事责任年龄不予刑事处罚的行为,以及严重危害社会的行为。根据《预防未成年人犯罪法》的规定,未成年人的不良行为包括:结伙斗殴,追逐、拦截他人,强拿硬要或者任意损毁、占用公私财物等寻衅滋事行为;非法携带枪支、弹药或者弩、匕首等国家规定的管制器具;殴打、辱骂、恐吓,或者故意伤害他人身体;盗窃、哄抢、抢夺或者故意损毁公私财物;传播淫秽的读物、音像制品或者信息等;卖淫、嫖娼,或者进行淫秽表演;吸食、注射毒品,或者向他人提供毒品;参与赌博赌资较大;其他严重危害社会的行为。

所谓"未成年人违法犯罪行为",是指未成年人实施的违反法律规定、具有社会危害性,依照法律应当受刑法处罚的行为。根据《刑法》的规定,已满12周岁不满14周岁的未成年人,如果犯下故意杀人、故意伤害罪,致人死亡或者以特别残忍的手段致人重伤造成严重残疾,且情节恶劣,经最高人民检察院核准追诉的,应当负刑事责任;已满14周岁不满16周岁的未成年人,犯下故意杀人、故意伤害致人重伤或者死亡、强奸、抢劫、贩卖毒品、放火、爆炸、投放危险物质罪,应当负刑事责任;已满16周岁的未成年人,实施了刑法规定的任何一种犯罪行为,都应当负刑事责任。

【案例2.6】原告马某因琐事与同学谢某在网络上相互谩骂,后在线下交涉过程中谢某殴打马某,致其鼻骨骨折。马某要求谢某承担侵权赔偿责任。法院在审理中发现,马某对待人生的态度十分消极,调解过程中多次表示"生命其实并不重要",同时出现

抑郁自残倾向。原来，马某在父母离异后随外婆生活，之后其母重组家庭，生父常年在外务工，均缺乏对马某的陪伴和关心，导致马某的性格向孤僻和极端发展。法庭向马某母亲普及了有关法律知识，分析了马某心理障碍产生的原因，同时向其发出《家庭教育指导令》。

案例2.6中，未成年人的父母离异，但并不能因此成为不履行监护职责的理由。相反，马某的父母任何一方均不得拒绝或者怠于履行家庭教育责任，应当相互配合重视对马某的教育。

父母或其他监护人应当与未成年人建立亲密、信任的关系，通过日常沟通和教育，引导未成年人树立正确的法治观念。当监护人发现未成年人有不良行为时应当及时进行制止和纠正，通过合理的管教和引导，帮助他们认识到错误并改正。在养育未成年人时，父母或其他监护人应当积极配合学校和社会的教育工作，共同为未成年人创造一个健康、安全、和谐的成长环境。

10. 网络监护职责

在新的社会发展中，由于网络普及，新一代的未成年人已经成为数字原住民。监护人对其网络监护十分重要。根据《未成年人网络保护条例》的规定，未成年人监护人应当加强家庭家教家风建设，提高自身网络素养，规范自身使用网络的行为，加强对未成年人使用网络行为的教育、示范、引导和监督。未成年人的监护人应当指导未成年人安全合理使用网络，关注未成年人上网情况以及相关生理状况、心理状况、行为习惯，防范未成年人接触危害或者可能影响其身心健康的网络信息，合理安排未成年人使用网络的时间，预防和干预未成年人沉迷网络。

引文中，夫妻二人离异，但仍均为其未成年子女的监护人。作为监护人，具有对未成年子女的探望权。所谓探望权，是父母基于对子女的亲权而享有的法定权利。探望权既是不直接抚养子女一方关怀子女、履行家庭教育责任的方式，也是最大化保护未成年人利益，促进子女健康成长的手段。《家庭教育促进法》第二十条规定："未成年人的父母分居或者离异的，应当相互配合履行家庭教育责任，任何一方不得拒绝或者怠于履行；除法律另有规定外，不得阻碍另一方实施家庭教育。"直接抚养子女的一方，应当积极创造条件，促进孩子与另一方的交流，助力孩子形成健全的人格和健康的心理。文化水平高低不是衡量父母人品和教育子女水平的唯一标准，更不能以学历去量化亲情。本案依法判决驳回蔡某的诉讼请求，有利于指引父母树立正确的家庭教育观念，互谅互让，履行好教育责任，增进亲子情感交流，确保未成年子女享受父爱或母爱的权利，促进未成年子女身心健康发展。

11. 其他应当履行的监护职责

法律和法学理论均不可能穷尽现实生活中所有的情形，所以除上述职责外，还有很多未能具体列举的职责。随着时空的变化，监护人的监护职责重点内容有所不同，但无论如何，监护的最终原则是"最有利于未成年人"。

学习任务三　未成年人监护人之监护资格的撤销

（一）未成年人监护人的禁止行为

根据《未成年人保护法》的规定，未成年人的父母或者其他监护人不得实施下列行为：第一，虐待、遗弃、非法送养未成年人或者对未成年人实施家庭暴力；第二，放任、教唆或者利用未成年人实施违法犯罪行为；第三，放任、唆使未成年人参与邪教、迷信活动或者接受恐怖主义、分裂主义、极端主义等侵害；第四，放任、唆使未成年人吸烟（含电子烟，下同）、饮酒、赌博、流浪乞讨或者欺凌他人；第五，放任或者迫使应当接受义务教育的未成年人失学、辍学；第六，放任未成年人沉迷网络，接触危害或者可能影响其身心健康的图书、报刊、电影、广播电视节目、音像制品、电子出版物和网络信息等；第七，放任未成年人进入营业性娱乐场所、酒吧、互联网上网服务营业场所等不适宜未成年人活动的场所；第八，允许或者迫使未成年人从事国家规定以外的劳动；第九，允许、迫使未成年人结婚或者为未成年人订立婚约；第十，违法处分、侵吞未成年人的财产或者利用未成年人牟取不正当利益；第十一，其他侵犯未成年人身心健康、财产权益或者不依法履行未成年人保护义务的行为。

（二）监护资格撤销

监护人资格的撤销，是指监护人不履行监护义务或损害被监护人利益的，经利害关系人申请，可由人民法院撤销其监护资格。

《民法典》规定，当监护人有下列情形之一的，人民法院根据有关个人或者组织的申请，撤销其监护人资格，安排必要的临时监护措施，并按照最有利于被监护人的原则依法指定监护人：第一，实施严重损害被监护人身心健康的行为；第二，怠于履行监护职责，或者无法履行监护职责且拒绝将监护职责部分或者全部委托给他人，导致被监护人处于危困状态；第三，实施严重侵害被监护人合法权益的其他行为。

这里的"有关个人、组织"，是指其他依法具有监护资格的人、居民委员会、村民委员会、学校、医疗机构、妇女联合会、残疾人联合会、未成年人保护组织、依法设立的老年人组织、民政部门等。如果个人和民政部门以外的组织未及时向人民法院申请撤销监护人资格的，民政部门应当向人民法院申请。

【案例2.7】2018年7月22日，刘某在医院生育一名女婴后，于同月24日将该女婴遗弃在医院女更衣室内。女婴被发现后由民政局下属的某儿童福利院代为抚养。公安局经调查发现，刘某还曾在2015年1月29日，将其所生的一名男婴遗弃在居民楼内。民政局向法院提起诉讼，以刘某犯遗弃罪，已不适合履行监护职责，申请撤销刘某的监护权，民政局愿意承担该女婴的监护责任，指定其下属的某儿童福利院抚养女婴。法院经审理认为，刘某将出生三天的未成年子女遗弃，拒绝抚养，严重侵害被监护人的合法权益，符合撤销监护人资格的情形。被监护人自被生母刘某遗弃以来，某儿童福利院代为抚养至今，综合考虑被监护人生父不明、刘某父母年龄和经济状况、村民委员会的具体情况，由民政部门取得被监护人的监护权，更有利于保护被监护人的生存、医疗、教育等合法权益。综上，法院判决撤销刘某的监护权，指定民政局作为该名女婴的监护人。其后，刘某被法院以遗弃罪判处刑罚。

案例2.7中，刘某是未成年子女的法定监护人，有保护女婴的身体健康，照顾其生活的法定职责。但刘某不履行监护职责，将其女儿遗弃，严重侵害了其女儿的合法权益。因此，民政局依法向人民法院申请撤销其监护人资格，并依法指定监护人①。

在案例2.7中，我们还看到，生母监护资格被撤销，生父不明，其外祖父母和村委会不宜作为监护人，因此由民政部门担任女婴的监护人。这是国家亲权的体现——当未成年人无法由父母、祖父母外祖父母、兄姐以及当地居（村）民委员会担任监护人时，国家机关和社会组织兜底监护。这是保护未成年人合法权益的坚强后盾。

值得特别强调的是：根据法律规定，监护权被撤销不意味着抚养义务的免除，被撤销监护权的父母依法应当继续履行支付子女抚养费的义务。未成年人的健康成长不仅需要司法及时发挥防线作用，更需要全社会协同发力，建立起全方位的权益保障体系，为国家的希望和未来保驾护航。

---

① 最高人民法院新闻局，广东省深圳市中级人民法院：《〈学法典读案例答问题〉——被撤销监护权还要支付抚养费吗?》，2022年5月3日。网址：https://www.court.gov.cn/zixun/xiangqing/360771.html

(三) 监护资格的恢复

被监护人的父母或者子女被人民法院撤销监护人资格后，除对被监护人实施故意犯罪的外，确有悔改表现的，经其申请，人民法院可以在尊重被监护人真实意愿的前提下，视情况恢复其监护人资格，人民法院指定的监护人与被监护人的监护关系同时终止。

学习任务四　未成年人权益保护工作实务

(一) 未成年人临时监护工作实务

1. 临时监护的含义

根据《民法典》第三十一条第三款的规定：依据本条第一款规定指定监护人前，被监护人的人身权利、财产权利以及其他合法权益处于无人保护状态的，由被监护人住所地的居（村）民委员会及法律规定的有关组织或者民政部门担任临时监护人。

临时监护是相关部门对父母或其他监护人监护缺位时的临时补充措施。根据法律规定，主要有三种情形：一是在监护人尚未确定，被监护人处于无人保护状态时，由被监护人住所地的居（村）民委员会或者民政部门等担任临时监护人。二是因发生突发事件等紧急情况，监护人暂时无法履行监护职责，被监护人的生活处于无人照料状态的，被监护人住所地的居（村）民委员会或者民政部门应当为被监护人安排必要的临时生活照料措施。三是因监护人侵害被监护人利益，被申请撤销其监护人资格的，人民法院安排必要的临时监护措施。

2. 民政部门临时监护的工作实践

民政部门是临时监护的重要责任人。当出现下列七种情形之一时，民政部门依法对未成年人进行临时监护。

第一，未成年人流浪乞讨或者身份不明，暂时查找不到父母或者其他监护人；

第二，监护人下落不明且无其他人可以担任监护人；

第三，监护人因自身客观原因或者因发生自然灾害、事故灾难、公共卫生事件等突发事件不能履行监护职责，导致未成年人监护缺失；

第四，监护人拒绝或者怠于履行监护职责，导致未成年人处于无人照料的状态；

第五，监护人教唆、利用未成年人实施违法犯罪行为，未成年人需要被带离安置；

第六，未成年人遭受监护人严重伤害或者面临人身安全威胁，需要被紧急安置；

第七，法律规定的其他情形。

对于临时监护的未成年人，民政部门可以通过委托亲属抚养、家庭寄养等方式进行安置，也可以交由未成年人救助保护机构或者儿童福利机构收留、抚养。

如果监护人重新具备履行监护职责条件，民政部门经评估后，可将未成年人送回监护人抚养①。

（二）事实无人抚养儿童保护工作实务

事实无人抚养儿童，是指父母双方均符合重残、重病、服刑在押、强制隔离戒毒、被执行其他限制人身自由的措施、失联情形之一的儿童；或者父母一方死亡或失踪，另一方符合重残、重病、服刑在押、强制隔离戒毒、被执行其他限制人身自由的措施、失联情形之一的儿童。

上述"重残"，是指一级、二级残疾或三级、四级精神、智力残疾；"重病"由各地根据当地大病、地方病等实际情况确定；"失联"，是指失去联系且未履行监护抚养责任6个月以上；"服刑在押、强制隔离戒毒"或"被执行其他限制人身自由的措施"，是指期限在6个月以上；"死亡"，是指自然死亡或人民法院宣告死亡，失踪是指人民法院宣告失踪。

【案例 2.8】 2022年5月，浙江省金华市婺城区人民检察院在办案中发现，一对夫妻均处于服刑和逮捕在押阶段，他们年仅10岁的女儿小月（化名）应当被认定为事实无人抚养儿童。但检察官上门走访发现，小月无其他近亲属，仅有小姨不定时送来生活物资。婺城区人民检察院立即协助开展资格确认和关爱帮扶工作，相关部门指定小月的小姨为临时监护人，并签订委托监护协议，将小月纳入救助保障范围，每月发放基本生活补贴，切实保障小月的基本生活。经深入调查了解，检察机关发现在加强事实无人抚养儿童保障工作中，受限于执法司法信息不共享的原因，除人工排查和自主申请外，相关部门难以及时掌握孩子父母因涉案被羁押或其他无法履行监护职责的情形②。

根据《民政部、最高人民法院、最高人民检察院等关于进一步加强事实无人抚

---

① 佚名：《临时监护》，中国社会报，2023年3月27日。网址：https://www.mca.gov.cn/n152/n166/c41006/content.html

② 佚名：《最高人民检察院发布5件大数据赋能未成年人检察监督典型案例》，2023年2月2日。网址：https://baijiahao.baidu.com/s?id=1756684420775976682&wfr=spider&for=pc

儿童保障工作的意见》（民发〔2019〕62号），"事实无人抚养儿童"的认定程序是：事实无人抚养儿童监护人或受监护人委托的近亲属填写事实无人抚养儿童基本生活补贴申请表，向儿童户籍所在地乡镇人民政府（街道办事处）提出申请。由乡镇人民政府（街道办事处）受理申请后采取信息比对的方式进行查验，并在自收到申请之日起15个工作日内做出查验结论。对符合条件的，连同申报材料一并报县级民政部门。对有异议的，可根据工作需要采取入户调查、邻里访问、信函索证、群众评议等方式再次进行核实。为保护儿童隐私，不宜设置公示环节。县级民政部门应当在自收到申报材料及查验结论之日起15个工作日内做出确认。符合条件的，从确认的次月起纳入保障范围，同时将有关信息录入"全国儿童福利信息管理系统"。不符合保障条件的，应当书面说明理由。

当未成年人情况发生变化的，事实无人抚养儿童监护人或受委托的亲属、居（村）民委员会应当及时告知乡镇人民政府（街道办事处）。乡镇人民政府（街道办事处）、县级民政部门要加强动态管理，对不再符合规定保障情形的，应当及时终止其保障资格。

（三）儿童权利主任工作实务

2016年，国务院出台《关于加强困境儿童保障工作的意见》（国发〔2016〕36号），明确提出居（村）民委员会要设立儿童福利督导员或儿童权利监察员。2019年，民政部等10部门出台了《关于进一步健全农村留守儿童和困境儿童关爱服务体系的意见》（民发〔2019〕34号），进一步提出在居（村）民委员会、乡镇人民政府（街道办事处）要明确有专门人员负责儿童关爱保护服务工作，在居（村）民委员会的工作人员一般称为"儿童主任"，在乡镇人民政府（街道办事处）的工作人员一般称为"儿童督导员"。

2021年，国务院提出，每个村（社区）至少设立一名儿童主任，儿童数量较多的村（社区）要增设补充儿童主任。2019—2023年，儿童主任制度进入"巩固提升阶段"。截至目前，全国已经有65.1万儿童主任服务在一线村居中[①]。

儿童权利主任的工作包括以下方面：

1. 促进儿童权利的落实

儿童权利主任需要积极推动和促进《儿童权利公约》在国家和地区层面的落实。这可能涉及与政府机构、非政府组织、社区、学校等各方合作，以确保儿童权利得到

---

① 皮磊:《儿童主任让政策变得更有温度》，载《公益时报网》，2023年6月9日。网址：https://baijiahao.baidu.com/s?id=1768200928138342132&wfr=spider&for=pc

尊重和保护。

2. 完成监测和报告

儿童权利主任需要关注儿童权利的落实情况，并定期进行监测和评估。他们需要收集和分析相关数据和信息，识别存在的问题和挑战，并及时向相关方面进行报告和提出建议。

3. 提供支持和指导

儿童权利主任需要为儿童、家庭、学校、社区等提供有关儿童权利的支持和指导。他们需要帮助儿童了解自己的权利，并教导他们如何维护自己的权利。此外，他们还需要为相关方面提供培训和资源，帮助他们更好地理解和落实儿童权利。

4. 协调和合作

儿童权利主任需要与其他机构、组织和个人进行协调和合作，共同推动儿童权利的落实。他们需要与政府机构、非政府组织、社区负责人、教育工作者等建立合作关系，共同制定和实施有利于儿童权利的政策和计划。

5. 倡导和宣传

儿童权利主任需要通过各种渠道进行倡导和宣传，提高公众对儿童权利的认识和理解。他们需要与媒体、社区负责人、教育工作者等合作，向公众传达儿童权利的重要性和相关议题。

所涉及部门

未成年人监护法律实务工作涉及共青团组织、街道办事处、乡镇政府、村委会、居委会、民政部门等。

思考题

☐ 请思考在实际工作中如何宣传监护人职责，帮助家长行使监护权？
☐ 请思考如何完成"事实无人抚养儿童"的认定与帮扶？

专题实训

以小组为单位，通过查找资料、实地走访和调研，梳理当地居（村）民委员会儿童权利主任的工作流程和工作内容，并撰写一份儿童权利主任工作手册。要求：

第一，在撰写工作手册之前，小组讨论并明确手册的目的和目标受众；

第二，确保工作手册应该具有清晰的章节和结构；

第三，以简洁明了的方式呈现信息，确保读者能够理解；

第四，在工作手册中，使用图表、示例和插图可以更好地解释和说明内容；

第五，确保详细说明每个步骤和流程，以及相关的注意事项；

第六，在工作手册中可以包含常见问题和解决方案的部分；

第七，工作手册应该具有整洁的格式和排版。

法条链接

《民法典》第二十六条　父母对未成年子女负有抚养、教育和保护的义务。

成年子女对父母负有赡养、扶助和保护的义务。

《民法典》第二十七条　父母是未成年子女的监护人。

未成年人的父母已经死亡或者没有监护能力的，由下列有监护能力的人按顺序担任监护人：

（一）祖父母、外祖父母；

（二）兄、姐；

（三）其他愿意担任监护人的个人或者组织，但是须经未成年人住所地的居民委员会、村民委员会或者民政部门同意。

《民法典》第二十八条　无民事行为能力或者限制民事行为能力的成年人，由下列有监护能力的人按顺序担任监护人：

（一）配偶；

（二）父母、子女；

（三）其他近亲属；

（四）其他愿意担任监护人的个人或者组织，但是须经被监护人住所地的居民委员会、村民委员会或者民政部门同意。

《未成年人保护法》第十六条　未成年人的父母或者其他监护人应当履行下列监护职责：

（一）为未成年人提供生活、健康、安全等方面的保障；

(二) 关注未成年人的生理、心理状况和情感需求;

(三) 教育和引导未成年人遵纪守法、勤俭节约,养成良好的思想品德和行为习惯;

(四) 对未成年人进行安全教育,提高未成年人的自我保护意识和能力;

(五) 尊重未成年人受教育的权利,保障适龄未成年人依法接受并完成义务教育;

(六) 保障未成年人休息、娱乐和体育锻炼的时间,引导未成年人进行有益身心健康的活动;

(七) 妥善管理和保护未成年人的财产;

(八) 依法代理未成年人实施民事法律行为;

(九) 预防和制止未成年人的不良行为和违法犯罪行为,并进行合理管教;

(十) 其他应当履行的监护职责。

《家庭教育促进法》第四条 未成年人的父母或者其他监护人负责实施家庭教育。

国家和社会为家庭教育提供指导、支持和服务。

国家工作人员应当带头树立良好家风,履行家庭教育责任。

《家庭教育促进法》第十六条 未成年人的父母或者其他监护人应当针对不同年龄段未成年人的身心发展特点,以下列内容为指引,开展家庭教育:

(一) 教育未成年人爱党、爱国、爱人民、爱集体、爱社会主义,树立维护国家统一的观念,铸牢中华民族共同体意识,培养家国情怀;

(二) 教育未成年人崇德向善、尊老爱幼、热爱家庭、勤俭节约、团结互助、诚信友爱、遵纪守法,培养其良好社会公德、家庭美德、个人品德意识和法治意识;

(三) 帮助未成年人树立正确的成才观,引导其培养广泛兴趣爱好、健康审美追求和良好学习习惯,增强科学探索精神、创新意识和能力;

(四) 保证未成年人营养均衡、科学运动、睡眠充足、身心愉悦,引导其养成良好生活习惯和行为习惯,促进其身心健康发展;

(五) 关注未成年人心理健康,教导其珍爱生命,对其进行交通出行、健康上网和防欺凌、防溺水、防诈骗、防拐卖、防性侵等方面的安全知识教育,帮助其掌握安全知识和技能,增强其自我保护的意识和能力;

(六) 帮助未成年人树立正确的劳动观念,参加力所能及的劳动,提高生活自理能力和独立生活能力,养成吃苦耐劳的优秀品格和热爱劳动的良好习惯。

学习模块三

反学生欺凌与权益保护实务

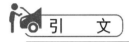 引　文

2023年9月16日，大同市大成双语学校发生未成年人欺凌事件，引发社会公众关注。大同市迅速组成由教育、公安、检察、司法行政等部门参与的联合工作组开展调查及相关工作，经调查发现：

大同市大成双语学校小学生赵某某（男，9岁）、晋某某（男，9岁）对同寝室同学孙某某（男，10岁）多次实施辱骂、殴打、欺凌等严重不良行为。

因赵某某、晋某某均系未成年人，公安机关依据《中华人民共和国预防未成年人犯罪法》对赵某某、晋某某依法予以训诫，责令其接受心理辅导、行为矫治；依据《中华人民共和国家庭教育促进法》对赵某某、晋某某的监护人予以训诫，责令其接受家庭教育指导。

另外，调查发现，大成双语学校在管理上严重失职失责，造成恶劣的社会影响，教育行政部门依据《中华人民共和国民办教育促进法》《中华人民共和国民办教育促进法实施条例》等法律法规，责令大成双语学校立即整顿、限期整改；解除许某的校长职务，辞退副校长兼小学部主任裴某某、分管安全工作的副校长白某某、涉事班级班主任辛某某和生活老师侯某。同时教育行政部门做出对大成双语学校新学年缩减招生规模的决定。

联合工作组责令赵某某、晋某某及其监护人向孙某某及其监护人诚恳道歉，同时组织力量对学生及家长开展关护、安抚、心理疏导等工作。在学校整顿期间，教育行政部门将驻校全程监管。

大同全市教育系统及各相关单位将深刻吸取此次事件教训，在全市开展专项整治行动，持续加强学校管理，为未成年人健康成长营造良好环境。对发现存在失职失责

行为的有关单位和人员将严肃追责问责[1]。

知识目标：掌握学生欺凌的定义、特点和危害，了解欺凌行为与相关概念的区别。熟悉学生欺凌的相关法律法规和政策，明确各方在反欺凌工作中的责任和义务。了解校园欺凌中的民事侵权责任问题。

能力目标：提高识别和分析学生欺凌问题的能力，能够准确判断欺凌行为的性质和严重程度，及时采取有效措施予以干预。增强协调和处理学生欺凌问题的能力，能够与学校、家庭、社会等多方力量有效沟通，形成合力共同应对欺凌问题。培养预防和应对学生欺凌问题的能力，能够制定和实施有效的预防和应对措施，降低欺凌行为的发生率和影响程度。

素养目标：培养尊重和保护学生权益的意识，认识到每一个学生都是独特的个体，应该受到平等对待和尊重。提升对反学生欺凌与权益保护工作的责任感和使命感，积极参与相关工作和活动，为学生创造一个安全、和谐的学习环境。

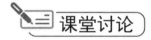

请谈谈"学生欺凌"的行为有哪些？结合自身实践，谈谈对反学生欺凌的看法。

学习任务一　反学生欺凌概述

近几年，各地校园暴力事件频频被曝光，数量逐年增加，且暴力情节越来越严重。据《法制日报》报道，中国青少年研究中心一项针对10个省区市5 864名中小学生的调查显示，32.5%的人偶尔被欺负，6.1%的人经常被高年级同学欺负。而法制网舆情监测中心的数据显示，在2015年1月至5月媒体曝光的40起校园暴力事件中，75.0%的校园暴力事件发生在中学生之间，其中初中生更易成为发生校园暴力的群体，比例高达42.5%，高中生次之，占比32.5%。大学生、职校生、小学生分别占比15.0%、

---

[1] 中国青年网：大同通报未成年人欺凌事件调查结果。网址：https://baijiahao.baidu.com/s? id = 1778094078011427324&wfr=spider&for=pc

7.5%、2.5%。此外，同性别之间发生暴力冲突的情况较多，男生之间的暴力和女生之间的暴力占比总计85.0%，其中女生之间的暴力行为占比达32.5%。报告还指出，与男生之间"硬碰硬"的冲突方式不同，女生之间的暴力多表现在侮辱性、逼迫性行为，对施暴方造成的心理创伤异常突出。谈到校园暴力事件的起因，法制网舆情监测中心的结果显示，以"日常摩擦"为起因的校园暴力事件居首，占比55.0%；"钱财纠纷"次之，占比17.5%；"情感纠葛"居第三位，占比15.0%。另有7.5%的暴力事件是由"偏激心理"引发，带有很强的青春期特征。例如之前曾发生一起初中生以别人"长得丑"为由打同学的事件。更令人痛心的是，不少学生在遭受校园欺凌后只是选择沉默，而不是寻求帮助或是解决方法。据《现代教育报》上中华女子学院发布的《初中生校园欺凌现象研究》显示，遭遇欺凌后，不曾选择求助的学生占比近五成（48.9%）。52.6%的学生认为，遭遇欺凌而不报告的主要原因是"怕丢脸面，在同学中抬不起头"。校园暴力事件频频被曝光，且暴力程度愈演愈烈，从日常小事演变到见血甚至失去性命的案例已不少见。"校园暴力何时休"已经是整个社会的呼声①。

（一）学生欺凌的内涵

1. 学生欺凌的定义

目前，国际公约对于如何界定学生欺凌没有统一标准。从国外的立法经验来看，为了有效解决校园欺凌问题，一些发达国家通过专门立法对欺凌予以明确界定。例如，美国约有40多个州颁布了《反欺凌法》，把欺凌和其他的骚扰区分开来，对于"欺凌"的界定范围也是逐步扩展：最初认定为欺凌行为仅限于身体伤害的暴力事件，后来逐渐扩展到精神上的贬低行为（如吐口水、拍裸照等）以及语言暴力行为（如辱骂、口头威胁和在公众场所故意嘲笑他人残障、种族、性别、性取向、宗教信仰等），近年来还包括网络上的辱骂、攻击或披露同学隐私等行为。又如，日本在2013年制定了《防止校园霸凌对策推进法》，该法将"欺凌"定义为在同处一校等人际关系下学生的行为给对方身心造成痛苦的状态。把被欺凌者身心受到严重伤害、被迫长期缺课的案例定义为"重大事态"。

在借鉴和参考域外定义的基础之上，2020年10月17日第十三届全国人民代表大会常务委员会第二十二次会议第二次修订的《未成年人保护法》采用了"学生欺凌"

---

① 郝孟佳、熊旭：《调查：近五成初中学生遭受校园欺凌后选择沉默》，载《中国青年报》，2016年5月27日。

的法律术语，要求学校建立学生欺凌防控制度，明确"学生欺凌"的含义。所谓学生欺凌，是指发生在学生之间，一方蓄意或者恶意通过肢体、语言及网络等手段实施欺压、侮辱，造成另一方人身伤害、财产损失或者精神损害的行为。

2. 学生欺凌的基本特征

结合以上定义，不难看出，学生欺凌具有以下基本特征：

①主观故意、恶意。《未成年人保护法》中特别强调了"蓄意或恶意"，而不是过失或其他。

②存在不平等的权力关系（包括身体、心理、学习成绩、社会关系等）。这是《未成年人保护法》提到的"欺压、侮辱"的前提条件。

③重复发生或可能重复发生。一般而言，学生欺凌重复发生的可能性非常大。我国《未成年人保护法》中规定的"欺凌"，既包括单次也包括多次发生。

④实施的行为表现包括侮辱性手势、语言攻击（侮辱性绰号）、社交冷落、身体伤害、利用网络公开隐私、发表侮辱性言论等。《未成年人保护法》中提到肢体、语言及网络等手段。

⑤造成一定的损害结果，具体包括人身伤害、财产损失或精神损害等。

（二）学生欺凌的相关国家层面规范性文件

2016年4月，为了加强对校园欺凌事件的预防和处理，国务院教育督导委员会办公室印发《关于开展校园欺凌专项治理的通知》，在全国开展了为期九个月的专项治理，一定程度上遏制了学生欺凌事件的频发，各地各校在提高防范意识、开展反欺凌专题教育和加强日常管理等方面取得了积极进展，积累了一些好做法好经验。

2016年11月，教育部等九部门印发《关于防治中小学生欺凌和暴力的指导意见》（以下简称《指导意见》），对积极预防处置学生欺凌和暴力事件提出了宏观性、原则性的指导意见。该《指导意见》指出，通过切实加强中小学生思想道德教育、法治教育和心理健康教育，认真开展预防欺凌和暴力专题教育，严格学校日常安全管理和强化学校周边综合治理来积极有效预防学生欺凌和暴力。《指导意见》要求依法依规处置学生欺凌和暴力事件，从而保护遭受欺凌和暴力学生的身心安全，强化教育惩戒威慑作用，实施科学有效的追踪辅导。《指导意见》强调要切实形成防治学生欺凌和暴力的工作合力，加强部门统筹协调、依法落实家长监护责任、加强平安文明校园建设，促进全社会共同保护未成年学生健康成长。《指导意见》特别指出："要依托各地12355

青少年服务台,开设自护教育热线,组织专业社会工作者、公益律师、志愿者开展有针对性的自护教育、心理辅导和法律咨询。"

2016年12月,为落实党中央、国务院关于保障学校安全的总体要求,推动建立科学化、规范化、制度化的中小学(幼儿园)安全保障体系和运行机制,提高安全风险防控能力,国务院教育督导委员会办公室印发《中小学(幼儿园)安全工作专项督导暂行办法》,将学生欺凌和暴力行为预防与应对纳入安全专项督导工作。

2017年12月27日,为完善防治学生欺凌的制度体系,需要进一步制定具有针对性、可操作性强的实施方案。教育部、中央综治办、最高人民法院、最高人民检察院、公安部、民政部、司法部、人力资源和社会保障部、共青团中央、全国妇联、中国残联十一个部门联合印发《加强中小学生欺凌综合治理方案》(以下简称《治理方案》)。《治理方案》以习近平新时代中国特色社会主义思想为指导,坚持教育为先、预防为主、保护为要和法治为基的基本原则,明确学生欺凌的界定,提出了建立健全防治学生欺凌工作协调机制、预防的具体举措,规范了处置程序,对学生欺凌的不同情形明确了惩戒措施和建立了长效机制等重要措施,同时也厘清了反校园欺凌所涉部门、群团组织等的职责分工等。《治理方案》中指出:"共青团组织负责切实履行综治委预防青少年违法犯罪专项组组长单位职责,配合教育行政部门并协调推动相关部门,建立预防遏制学生欺凌工作协调机制,积极参与学生欺凌防治工作。"[1]

2021年,为持续深入做好中小学生欺凌防治工作,加大专项治理力度,巩固治理成果,健全防治长效机制,教育部制定了《防范中小学生欺凌专项治理行动工作方案》,要求各省、自治区、直辖市教育厅(教委),新疆生产建设兵团教育局进一步防范和遏制中小学生欺凌事件发生,切实保护中小学生身心健康,努力把校园打造成最安全、最阳光的地方。该《工作方案》要求全面排查欺凌事件、及时消除隐患问题、依法依规严肃处置、规范欺凌报告制度、切实加强教育引导、健全长效工作机制。

学习任务二 学生欺凌的认定问题

【案例3.1】2016年12月5日一篇题为《每对母子都是生死之交,我要陪他向校园霸凌说NO》的文章在朋友圈广泛传播。文章作者称,自己是一位母亲,儿子是Z小

---

[1] 参见教育部教育督导局:《加强中小学生欺凌综合治理方案》有关情况介绍,http://www.moe.edu.cn/jyb_xwfb/xw_fbh/moe_2069/xwfbh_2017n/xwfb_20171227/sfcl/201712/t20171227_322963.html

学的学生，刚刚满 10 周岁，在学校遭遇校园霸凌，被同学用"厕所垃圾筐扣头"，并表示事发后，孩子出现失眠、易怒、恐惧上学等症状，并被诊断成急性应激反应。该小学回应，"经学校多方调查、了解，三名学生属于正常的同学关系，课上、课下互动交往正常，有互相起外号现象，但没有明显的矛盾冲突。我们认为，上述偶发事件尚不足以认定两名学生的行为已经构成校园'欺凌'或'暴力'"。根据校方录像显示：11 月 24 日上午 10 时 3 分 10 秒，李某去厕所；3 分 17 秒，王某和陈某进入厕所；3 分 47 秒，两人一前一后出了厕所；4 分 22 秒，李某从厕所出来，一边走一边用袖子擦着脸。也就是说，三个孩子同时在厕所的时间为 30 秒。家长和校方在关于该事件是否属于校园欺凌的定性上，意见分歧不可调和。

正如上文所言，我国《未成年人保护法》二次修订时已对何谓学生欺凌进行了明确规定，案例中双方争执的这一问题似乎已经水落石出。但是在实际运用中，如何认定学生欺凌，依然存在一些难点。

（一）如何区分学生欺凌与学生间打闹嬉戏

无论是学理的探讨还是实务的探索，都提出要注意在实际工作中严格区分学生欺凌与学生间打闹嬉戏的界定，正确合理处理。那么，应当如何区分呢？一个简单的标准，即"将欺凌行为同一般意义上的恶作剧、戏谑行为区分开来的关键因素就是权力的失衡性，主要体现在欺凌者利用自身身体力量优势或利用得知一些不为人知的信息或利用自己在同学之间的受欢迎程度来控制、伤害他人。"[①] 换句话说，"欺凌"与"打闹嬉戏"二者认定的关键在于双方之间是否存在不平等的权力关系。这里"不平等的权力关系"包含的内容很广，包括身体、心理、学习成绩、社会关系等方面的不平等。若存在不平等，便可认定为欺凌；若不存在，则是打闹嬉戏。

那么，恶作剧是否是欺凌呢？恶作剧有可能是学生欺凌。学生之间以多欺少、以大欺小、以强欺弱，通过故意起侮辱性绰号等方式开过分玩笑，多次反复进行，或者造成损害结果（包括心理的、身体的等）当然属于学生欺凌。

（二）如何区分偶发性肢体冲突与欺凌

判断偶发性肢体冲突与欺凌的最大区别在于主观是否存在故意。欺凌一定是蓄意、

---

① 安琪：《校园欺凌问题的困境解构及法律破解——以美国反欺凌立法为借鉴范式》，载《中国青年研究》2017 年第 5 期。

故意的,而偶发性肢体冲突往往并非蓄意而为之。偶发性、突发性冲突,可能会有损害结果,甚至严重的损害结果,但主观欠缺蓄意或者恶意,而且不见得存在权力失衡的情形。所以,一般而言,偶发性肢体冲突不是学生欺凌。

案例3.1中,Z小学事件就目前事实来看不是学生欺凌,因为关键在于没有权力失衡,事件涉及三个孩子,行为发生在两个孩子之间,也不存在身体上、智力上、社交上等方面的不平等。"三名学生属于正常的同学关系,课上、课下互动交往正常,有互相起外号现象,但没有明显的矛盾冲突",主观上没有欺负、侮辱的蓄意或故意。

学习任务三　校园欺凌中的青少年权益与民事侵权问题

【案例3.2】 徐某、郑某、刘某、杨某、蔡某、张某均为某县第二实验中学的住校学生。2016年5月12日晚,郑某、刘某、杨某、蔡某、张某于晚自习熄灯后,在学校宿舍内围殴他们的同学徐某,将徐某打伤,造成徐某肋部双侧多发肋骨骨折,经鉴定为八级伤残,原告徐某受伤后在某县医院住院11天,花去医疗费7 869.47元、住院伙食补助费1 100元、营养费1 800元、伤残赔偿金66 306元、鉴定费2 200元。第二实验中学未能及时发现制止,导致原告受伤致残。经法院审理认为,第二实验中学明显没有尽到管理责任,应依法承担相应的赔偿责任。对于5名侵权者责任的认定,法院也做出明确认定,被告郑某、刘某、杨某、蔡某、张某殴打徐某,造成徐某受伤,属于共同侵权,虽然他们系未成年人,但对其行为造成的后果已具有相应的判知能力,理应赔偿原告的损失,并互负连带责任,由于他们系限制民事行为能力人,其法定代理人应依法承担赔偿责任。最后判决由某县第二实验中学承担50%的赔偿责任;郑某、刘某、杨某、蔡某、张某应承担50%的赔偿责任,并互负连带责任①。

(一) 民事侵权责任的定义

行为人因过错侵害他人民事权益造成损害的,应当承担侵权责任。依照法律规定推定行为人有过错,其不能证明自己没有过错的,应当承担侵权责任。这里的民事权益,包括生命权、健康权、姓名权、名誉权、荣誉权、肖像权、隐私权、婚姻自主权、监护权、所有权、用益物权、担保物权、著作权、专利权、商标专用权、发现权、股

---

① 参见河北省武强县人民法院 (2016) 冀1123民初424号判决书,2018年1月22日。网址: http://wenshu.court.gov.cn/list/list/? sorttyp

权、继承权等人身、财产权益。

侵权责任的构成要件包括：一是主观上侵权行为人存在过错，侵权行为人的过错是行为人在实施侵权行为时所具备的心理状态；二是侵权行为人实施了侵权的违法行为，即行为人实施了违反法律的，对生命权、健康权、姓名权、名誉权、荣誉权、肖像权、隐私权、婚姻自主权、监护权、所有权、用益物权、担保物权、著作权、专利权、商标专用权、发现权、股权、继承权等人身、财产权益的禁止性或命令性规定的行为；三是造成了损害事实的发生；四是损害事实与行为人的侵权行为之间存在前因后果的必然联系。

（二）学生欺凌中民事侵权责任的分担

在学生欺凌事件中，往往会给受欺凌一方的生命权、健康权、姓名权、名誉权、荣誉权、肖像权、隐私权等造成一定损害。面对这样的损害后果，受欺凌一方该如何获得权利救济呢？谁应当成为侵权责任的承担者呢？

一般而言，在学生欺凌中，实施欺凌的一方主观存在故意的过错，并实施了侵权行为。一旦发生损害后果，依据《民法典》第一千一百六十八条、第一千一百八十八条等条文的规定，应当由其监护人承担侵权责任；倘若欺凌行为由有意识联络的若干行为人共同实施，则为共同侵权责任人，相互之间承担连带责任。

此外，除了实施欺凌一方以外，学校在此类事件中也应依法承担相应的侵权责任。依据《民法典》第一千一百九十九条、第一千二百条、第一千二百零一条的规定，因学生欺凌造成受欺凌一方受到损害的，倘若受欺凌人是无民事行为能力人（小学低年级学生），学校应当承担责任，但能够证明尽到教育、管理职责的，不承担责任；倘若受欺凌人是限制民事行为能力人，学校或者其他教育机构未尽到教育、管理职责的，应当承担责任。二者的区别在于学校承担责任的归责原则不同，前者采用过错推定责任，后者采用过错责任；前者由学校举证证明尽到教育、管理职责的学校可免责，后者由受欺凌人或者其监护人举证证明学校没有尽到教育、管理职责的学校才担责。这说明学生年龄越小，学校的责任越重。实践生活中，学校常通过购买相关商业保险分解和降低其承担责任的成本。

案例3.2中，五被告侵犯了原告的身体权、健康权，理应受到应有的处罚和承担相应的法律责任。而处于未成年阶段的他们，不仅没有正确认识到自己的行为是错误的，反而被家长引导将其责任推给学校，这一做法有可能让本就法律意识淡薄的未成年人学会推卸责任。学生欺凌大多是以"以强欺弱,以多欺少"的形式出现,学校固然有责任、有义务预防和管理,但家长的以身作则更重要。如果监护人对其被监护人不加以引导和教育,将来他们很有可能走上犯罪的不归路。而受害方可能留下身体残疾或心理疾病,这也是不可小觑的事情。因此,呼吁广大青少年不要做伤害自己、伤害家人、伤害他人的违法行为,珍爱生命,远离校园暴力。

学习任务四　校园欺凌中的行政违法责任

【案例3.3】2017年6月,网上出现反映某区二中学生受辱的视频。6月26日,某区公安分局在其官方微博通报,称该视频内容属实,反映的情况发生在6月22日上午课间。此前,被侵害人还曾遭到涉案学生索要钱财累计100余元和伤害身体等欺凌。经鉴定,该学生身体所受损伤构成轻微伤。7名涉案学生在其监护人的陪同下依法接受了某区公安分局的调查,根据《中华人民共和国治安管理处罚法》(以下简称《治安管理处罚法》)规定,涉案学生构成寻衅滋事违法行为。其中,5人被给予行政拘留并处罚款处罚,因属已满14周岁不满16周岁依法不执行行政拘留处罚;2人因不满14周岁依法不予处罚,责令其监护人严加管教。

行政处罚,是指具有法定权限的行政主体依据法定的程序,对违反行政法规但尚未构成犯罪的行政相对人实施的行政制裁。"治安管理处罚"是行政处罚中的一种,是专门由公安机关实施的行政处罚。在治安管理处罚中,针对因民间纠纷引起的打架斗殴或者损毁他人财物等违反治安管理行为,情节较轻的,公安机关可以调解处理。经公安机关调解,当事人达成协议的,不予处罚。经调解未达成协议或者达成协议后不履行的,公安机关应当依照本法的规定对违反治安管理行为人给予处罚,并告知当事人可以就民事争议依法向人民法院提起民事诉讼。对已满14周岁不满16周岁,或者已满16周岁不满18周岁,初次违反治安管理的未成年人,不执行行政拘留处罚。

具体到学生欺凌事件中,实施欺凌一方的违法行为造成了《治安管理处罚法》中规定的应当承担行政违法责任的损害后果时,公安机关将依法给予欺凌实施方相应的行政处罚。正如案例3.3中的涉案学生一样,依法承担相应的行政法律责任。

学习任务五　校园欺凌中的刑事法律责任

【案例3.4】金某甲及李某甲在本县某某镇某某中学附近遇见李某乙,因金某甲的表弟金某乙曾请求哥哥金某甲及同村的李某甲帮其教训欺负过他的李某乙，二人遂等金某乙放学后，与金某乙一起将李某乙拉到某某中学旁边的一个巷道内，其间李某乙从地上捡起啤酒瓶去打金某甲，被金某甲抢走并用啤酒瓶击打李某乙头部，李某甲又持砖块击打李某乙头部，将李某乙打倒后，二人又踢打李某乙腹部、背部、臀部等部位，致使李某乙受伤住院治疗。次日，金某甲主动到县公安局某某派出所投案。次年1月，经当地某鉴定所鉴定，被鉴定人李某乙头颅外伤致硬膜外出血，构成轻伤一级；其颅骨骨折，构成轻伤二级；口唇全层裂伤构成轻伤二级；其右侧上颌中切牙缺失、右侧下颌侧切牙缺失、右侧下颌中切牙根折，构成轻伤二级。被鉴定人李某乙头面部损伤，损伤程度为轻伤一级。当地县人民法院认为公诉机关指控的犯罪事实清楚，证据确实、充分，指控罪名成立。鉴于被告人金某甲案发时未满18周岁，系未成年人犯罪；案发后主动投案，并如实供述所犯罪行，系自首；被告人金某甲积极赔偿被害人李某乙的各项经济损失，并得到被害人李某乙的书面谅解。综上，可依法对被告人金某甲从轻处罚；根据本案的犯罪事实、情节、社会危害性及被告人的认罪、悔罪态度，对被告人金某甲宣告缓刑，对所居住的村社亦无重大不良影响，可对被告人金某甲依法宣告缓刑。法院以故意伤害罪判处金某甲有期徒刑六个月，缓刑一年①。

我国《刑法》对未成年人犯罪进行了相应的规定。已满14周岁不满16周岁的人，犯故意杀人、故意伤害致人重伤或者死亡、强奸、抢劫、贩卖毒品、放火、爆炸、投放危险物质罪的，应当负刑事责任。已满12周岁不满14周岁的人，犯故意杀人、故意伤害罪，致人死亡或者以特别残忍手段致人重伤造成严重残疾，情节恶劣，经最高人民检察院核准追诉的，应当负刑事责任。对依照前三款规定追究刑事责任的不满18周岁的人，应当从轻或者减轻处罚。因不满16周岁不予刑事处罚的，责令其父母或者其他监护人加以管教；在必要的时候，依法进行专门矫治教育。

据此，在我国，未满12周岁的未成年人犯罪不承担刑事责任，已满12周岁未满14周岁的未成年人对两种特别严重的犯罪经过最高人民检察院核准追诉的，应承担刑事责任，已满14周岁未满16周岁的未成年人只对8种较为严重的犯罪承担刑事责任，已满16周岁的人对所犯的所有罪行承担刑事责任。

在学生欺凌中，尤其是涉及"暴力"的事件中，实施欺凌一方的未成年人可能会因"故意伤害罪"而遭致《刑法》的制裁。而案例3.4中的当事人则恰恰相反，金某

---

① 参见青海省湟中县人民法院（2016）青0122刑初261号判决书，2018年1月22日。网址：http://wenshu.court.gov.cn/list/list/？sorttyp

甲称自己之所以实施犯罪行为，是因为曾经遭受了受害人的欺凌，从而以暴治暴。尽管法院查明案件发生当天李某乙并未欺负金某甲的表弟，但"欺凌"的确是引发校园暴力的重要原因之一。其实不仅仅本案，还有其他的案件也显示，曾经遭受欺凌的未成年人一旦条件成熟很容易转变角色，成为"欺凌者"。校园欺凌又往往伴随着校园暴力，出现未成年人故意伤害甚至杀人等恶性结果，值得警醒。

所涉及部门

在学生欺凌的认定问题上，所涉部门主要包括学校、教育行政主管部门、公安部门等。在民事责任问题上，所涉部门主要包括学校、保险公司、人民法院等。在行政违法责任问题上，所涉部门主要包括学校、教育行政主管部门、公安机关等。在刑事责任问题中，所涉部门主要包括学校、公安机关、人民检察院、人民法院等。

思考题

☐ 请思考应当如何认定校园欺凌。
☐ 请思考应当如何把握校园欺凌中的民事法律责任。
☐ 请思考应当如何把握校园欺凌中的行政违法责任。
☐ 请思考应当如何把握校园欺凌中的刑事违法责任。

专题实训

请根据本章所学内容，开发一节反学生欺凌的课程。课程时长为45分钟。授课对象为小学低年级学生。要求：撰写课程教案、讲义、制作授课演示文稿（PPT）。

法条链接

《民法典》第一千一百六十五条　行为人因过错侵害他人民事权益造成损害的，应当承担侵权责任。依照法律规定推定行为人有过错，其不能证明自己没有过错的，应当承担侵权责任。

《民法典》第一千一百六十六条　行为人造成他人民事权益损害，不论行为人有无过错，法律规定应当承担侵权责任的，依照其规定。

《民法典》第一千一百七十九条　侵害他人造成人身损害的，应当赔偿医疗费、护理费、交通费、营养费、住院伙食补助费等为治疗和康复支出的合理费用，以及因误工减少的收入。造成残疾的，还应当赔偿辅助器具费和残疾赔偿金；造成死亡的，还应当赔偿丧葬费和死亡赔偿金。

《民法典》第一千一百八十八条　无民事行为能力人、限制民事行为能力人造成他人损害的，由监护人承担侵权责任。监护人尽到监护职责的，可以减轻其侵权责任。

有财产的无民事行为能力人、限制民事行为能力人造成他人损害的，从本人财产中支付赔偿费用；不足部分，由监护人赔偿。

《民法典》第一千一百八十九条　无民事行为能力人、限制民事行为能力人造成他人损害，监护人将监护职责委托给他人的，监护人应当承担侵权责任；受托人有过错的，承担相应的责任。

《民法典》第一千一百九十九条　无民事行为能力人在幼儿园、学校或者其他教育机构学习、生活期间受到人身损害的，幼儿园、学校或者其他教育机构应当承担侵权责任；但是，能够证明尽到教育、管理职责的，不承担侵权责任。

《民法典》第一千二百条　限制民事行为能力人在学校或者其他教育机构学习、生活期间受到人身损害，学校或者其他教育机构未尽到教育、管理职责的，应当承担侵权责任。

《民法典》第一千二百零一条　无民事行为能力人或者限制民事行为能力人在幼儿园、学校或者其他教育机构学习、生活期间，受到幼儿园、学校或者其他教育机构以外的第三人人身损害的，由第三人承担侵权责任；幼儿园、学校或者其他教育机构未尽到管理职责的，承担相应的补充责任。幼儿园、学校或者其他教育机构承担补充责任后，可以向第三人追偿。

《未成年人保护法》第三十九条　学校应当建立学生欺凌防控工作制度，对教职员工、学生等开展防治学生欺凌的教育和培训。

学校对学生欺凌行为应当立即制止，通知实施欺凌和被欺凌未成年学生的父母或者其他监护人参与欺凌行为的认定和处理；对相关未成年学生及时给予心理辅导、教育和引导；对相关未成年学生的父母或者其他监护人给予必要的家庭教育指导。

对实施欺凌的未成年学生，学校应当根据欺凌行为的性质和程度，依法加强管教。

对严重的欺凌行为,学校不得隐瞒,应当及时向公安机关、教育行政部门报告,并配合相关部门依法处理。

《未成年人保护法》第一百三十条 (三)学生欺凌,是指发生在学生之间,一方蓄意或者恶意通过肢体、语言及网络等手段实施欺压、侮辱,造成另一方人身伤害、财产损失或者精神损害的行为。

《治安管理处罚法》第十二条 已满十四周岁不满十八周岁的人违反治安管理的,从轻或者减轻处罚;不满十四周岁的人违反治安管理的,不予处罚,但是应当责令其监护人严加管教。

《治安管理处罚法》第二十一条 违反治安管理行为人有下列情形之一,依照本法应当给予行政拘留处罚的,不执行行政拘留处罚:(一)已满十四周岁不满十六周岁的;(二)已满十六周岁不满十八周岁,初次违反治安管理的;(三)七十周岁以上的;(四)怀孕或者哺乳自己不满一周岁婴儿的。

《治安管理处罚法》第四十三条 殴打他人的,或者故意伤害他人身体的,处五日以上十日以下拘留,并处二百元以上五百元以下罚款;情节较轻的,处五日以下拘留或者五百元以下罚款。有下列情形之一的,处十日以上十五日以下拘留,并处五百元以上一千元以下罚款:(一)结伙殴打、伤害他人的;(二)殴打、伤害残疾人、孕妇、不满十四周岁的人或者六十周岁以上的人的;(三)多次殴打、伤害他人或者一次殴打、伤害多人的。

《刑法》第十七条 已满十六周岁的人犯罪,应当负刑事责任。

已满十四周岁不满十六周岁的人,犯故意杀人、故意伤害致人重伤或者死亡、强奸、抢劫、贩卖毒品、放火、爆炸、投放危险物质罪的,应当负刑事责任。

已满十二周岁不满十四周岁的人,犯故意杀人、故意伤害罪,致人死亡或者以特别残忍手段致人重伤造成严重残疾,情节恶劣,经最高人民检察院核准追诉的,应当负刑事责任。

对依照前三款规定追究刑事责任的不满十八周岁的人,应当从轻或者减轻处罚。

因不满十六周岁不予刑事处罚的,责令其父母或者其他监护人加以管教;在必要的时候,依法进行专门矫治教育。

《刑法》第二百三十二条 故意杀人的,处死刑、无期徒刑或者十年以上有期徒刑;情节较轻的,处三年以上十年以下有期徒刑。

《刑法》第二百三十四条 故意伤害他人身体的,处三年以下有期徒刑、拘役或者管制。犯前款罪，致人重伤的，处三年以上十年以下有期徒刑；致人死亡或者以特别残忍手段致人重伤造成严重残疾的，处十年以上有期徒刑、无期徒刑或者死刑。本法另有规定的，依照规定。

《刑法》第二百三十六条　以暴力、胁迫或者其他手段强奸妇女的，处三年以上十年以下有期徒刑。奸淫不满十四周岁的幼女的，以强奸论，从重处罚。强奸妇女、奸淫幼女，有下列情形之一的，处十年以上有期徒刑、无期徒刑或者死刑：（一）强奸妇女、奸淫幼女情节恶劣的；（二）强奸妇女、奸淫幼女多人的；（三）在公共场所当众强奸妇女、奸淫幼女的；（四）二人以上轮奸的；（五）奸淫不满十周岁的幼女或者造成幼女伤害的；（六）致使被害人重伤、死亡或者造成其他严重后果的。

《刑法》第二百六十三条　以暴力、胁迫或者其他方法抢劫公私财物的，处三年以上十年以下有期徒刑，并处罚金；有下列情形之一的，处十年以上有期徒刑、无期徒刑或者死刑，并处罚金或者没收财产：（一）入户抢劫的；（二）在公共交通工具上抢劫的；（三）抢劫银行或者其他金融机构的；（四）多次抢劫或者抢劫数额巨大的；（五）抢劫致人重伤、死亡的；（六）冒充军警人员抢劫的；（七）持枪抢劫的；（八）抢劫军用物资或者抢险、救灾、救济物资的。

学习模块四

青少年就业实践中的权益保护工作实务

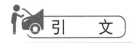 引　文

2017年《中长期青年发展规划（2016—2025年）》中明确提出，共青团应当根据就业形势和就业工作重点变化，加强就业政策与产业、贸易、财税、金融等政策的协调，进一步完善积极就业政策。发挥公共财政促进青年就业作用，完善落实财政金融扶持政策，扶持发展现代服务业、战略性新兴产业、劳动密集型企业和小微企业，吸纳青年就业。加强对灵活就业、新就业形态的支持，促进青年自主就业，鼓励多渠道、多形式就业。进一步完善青年创业就业配套政策及法律法规。加强就业统计工作，健全青年就业统计指标体系。青年社会教育和实践教育需要加强，提高教育质量的任务仍十分艰巨；青年就业的结构性矛盾比较突出，影响就业公平的障碍有待进一步破除；实施青年就业见习计划。健全城乡均等的公共就业创业服务体系，完善服务功能，把有就业意愿的青年全部纳入服务范围，全面落实免费公共就业服务，对就业困难青年提供就业援助，帮助长期失业青年就业。创新就业信息服务方式方法，注重运用互联网技术打造适合青年特点的就业服务模式。加强青年职业培训，健全面向青年的劳动预备制培训计划，落实职业培训补贴政策。实施离校未就业高校毕业生就业促进计划，为毕业生提供职业指导、就业信息、就业见习、就业帮扶等服务。开展青年农民工职业技能培训，通过订单、定向和定岗式培训，对农村未升学初高中毕业生等新生代农民工开展就业技能培训。开展青年重点群体职业培训，加大贫困家庭子女、青年失业人员和转岗职工、退役青年军人和残疾青年等劳动者职业技能和创业培训力度，按规定提供培训补贴，对农村贫困家庭学员和城市居民最低生活保障家庭学员给予生活补贴。完善青年就业、劳动保障权益保护机制，加大劳动保障监察执法、劳动人事争议调解仲裁诉讼、安全生产监管监察工作力度。加强人力资源市场监管，规范招人用人

制度，营造公平就业环境。完善失业保险、社会救助与就业的联动机制。

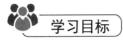

知识目标：掌握青少年就业的基本概念和特点，了解劳动主体问题、就业实践中的劳动合同问题，掌握青少年就业实践中的劳动纠纷问题解决机制。熟悉青少年就业权益保护的相关法律法规和政策，明确青少年在就业中的基本权益和保障措施。

能力目标：提高识别和分析青少年就业权益问题的能力，能够准确判断权益侵害行为的性质和严重程度，为青少年提供合适的法律帮助和建议。增强协调和处理青少年就业权益问题的能力，能够与用人单位、劳动监察部门等多方进行有效沟通，维护青少年的合法权益。培养预防和应对青少年就业权益问题的能力，能够制定和实施有效的预防和应对措施。

素养目标：培养尊重和保护青少年就业权益的意识，认识到青少年就业权益应该得到充分保障和尊重。提升对青少年就业权益保护工作的责任感和使命感，积极参与相关工作和活动，为青少年创造公平、公正的就业环境。

你接受过就业指导吗？请谈谈青少年就业和兼职工作中常见的涉及劳动权益的问题有哪些。

学习任务一　就业概述

就业，是指具有劳动能力的公民，依法从事某种有报酬或劳动收入的社会活动。就业能力是指获得某项岗位的全部能力的总称。

党的二十大报告明确指出，就业是最基本的民生。强化就业优先政策，健全就业促进机制，促进高质量充分就业。健全就业公共服务体系，完善重点群体就业支持体系，加强困难群体就业兜底帮扶。统筹城乡就业政策体系，破除妨碍劳动力、人才流动的体制和政策弊端，消除影响平等就业的不合理限制和就业歧视，使人人都有通过勤奋劳动实现自身发展的机会。健全终身职业技能培训制度，推动解决结构性就业矛盾。完善促进创业带动就业的保障制度，支持和规范发展新就业形态。健全劳动法律法规，完善劳动关系协商协调机制，完善劳动者权益保障制度，加强灵活就业和新就业形态劳动者权益保障。

  一个人要想顺利地找到工作，在工作中做出成绩，就必须具备一定的就业能力。就业能力包括一般就业能力和特殊就业能力。一般就业能力，是指一个人的态度、世界观、价值观、习惯和与工作有关的一些能力——主要是指处理与周围的人和工作环境关系的能力，如怎样进行工作、如何与人相处等；自我管理能力，如决策能力、对现实的理解能力、对现实资源的利用能力，以及有关自我方面的一些知识、对学校所学课程与工作中具体运用之间的关系的理解能力。特殊就业能力是指某个职业所需的特殊技能和环境所需的某种特殊技能，如一个会计必须具备较好的数学功底，护士需要某种特殊的护理技能，美术工作者必须具备色调感、浓度感、线条感和形象感等。一般就业能力和特殊就业能力在职业活动中都很重要。要成功地从事某种职业，常常需要一般就业能力和特殊就业能力的有机配合。如果一个人只有一般就业能力而无特殊就业能力是很难胜任某种职业的，一个不精通医术的大夫又如何给病人治病呢？同样，只有特殊就业能力而无一般就业能力的人也是很难在事业上取得成功的，一个缺乏团结协作、全心全意为人民服务的精神，缺乏事业心和责任感的人，纵使有多娴熟的职业技术，最终也会成为职业的失败者。

  在现实生活中，一般就业能力更为重要。这是因为：首先，社会在发展，科学技术的更新在加快，一般就业能力强的人能更好地适应社会，在掌握新知识、更新技术方面更具主动性与积极性。其次，从事某种职业必须具备这种职业所需要的特殊就业能力，因此容易引起个人、学校或单位的足够重视，而一般就业能力由于与工作的关系不是十分明显，因而很少被注意到，而事实上，用人单位越来越看重一般就业能力，许多求职者就是因为一般就业能力不强而未被录用。最后，一般就业能力与失业关系密切。许多研究表明，人们失去工作不是因为缺乏特殊就业技能，而是缺乏一般的就业能力。

  许多行业的雇主和工人们很欣赏"灵活就业"这个新概念，甚至认为机动灵活的用工方式是"新世界经济的现实"。一些企业正在向双轨雇佣制方向发展，其核心轨道是全日制的正式雇员队伍，辅助轨道是机动灵活的劳务派遣队伍。此外还存在着规模庞大而又种类繁杂的散工队，其中有秘书、保安人员、工程师、校长、总裁等，他们灵活地用不同方式（以钟点计、以天数计、以工作项目计等）为企业或社会服务。

学习任务二　就业实践中的劳动主体问题

（一）用人单位与劳动者

劳动主体具体指达到法定年龄，具有劳动能力，享受劳动权利和承担劳动义务的当事人，包括用人单位和劳动者。

用人单位，是指中华人民共和国境内的国家机关、企事业单位、社会团体、个体经济组织、民办非企业单位等组织。

劳动者，就是"劳动的人"，是一个含义非常广泛的概念，特指凡是具有劳动能力，以从事劳动获取合法收入作为生活资料来源的公民。我国劳动法律规范中明确规定，劳动者应是具有相应的劳动权利能力和劳动行为能力的人，应当符合以下标准：第一，年龄标准。须年满16周岁，文艺、体育等特殊行业单位要招用未满16周岁的运动员、文艺工作者等的必须报县级以上劳动行政部门批准。《劳动法》第十五条也明确规定："禁止用人单位招用未满十六周岁的未成年人。"第二，身体健康、智力正常。各种岗位的职工都不得患有本岗位所禁忌或不宜的特定疾病；残疾人只能从事与其残疾状况相适应的职业；女职工、未成年工不得从事法律规定的禁忌劳动。第三，行为自由。所谓"行为自由"是指公民是否具有人身自由，是否能够按照自己的意愿选择工作，支配自己的劳动力。

按照《中长期青年发展规划（2016—2025年）》中所指的青年，年龄范围是14~35周岁。依据我国劳动法律规范的规定，青少年劳动者的年龄范围并未明确规定，仅是规定最低用工年龄是年满16周岁。在我国的司法实践中，14~16岁的青少年劳动者均为童工，《劳动法》第十五条规定："禁止用人单位招用未满16周岁的未成年人。文艺、体育和特种工艺单位招用未满16周岁的未成年人，必须遵守国家有关规定，并保障其接受义务教育的权利。"第九十四条规定："用人单位非法招用未满16周岁的未成年人的，由劳动行政部门责令改正，处以罚款；情节严重的，由市场监督管理部门吊销营业执照。"16~18岁的青年劳动者为未成年工，用人单位是可以录用的。《劳动法》第六十四条规定："不得安排未成年工从事矿山井下、有毒有害、国家规定的第四级体力劳动强度的劳动和其他禁忌从事的劳动。"第六十五条规定："用人单位应当对未成年工定期进行健康检查。"

(二) 青年劳动者所涉法律关系

青年劳动者在劳动就业过程中会与其他主体形成三类法律关系：一是劳动者与用人单位之间的劳动法律关系；二是劳动者与劳动服务机构（职业介绍所、劳动派遣单位等）之间的劳动服务法律关系；三是劳动者与劳动行政部门（人力资源和社会保障机构、社会保险经办机构等）之间的劳动行政法律关系。

劳动法律关系作为劳动关系中最重要的法律关系，调整的是劳动者与用人单位之间的法律关系。它一方面要求劳动者负有将自己的劳动力交付给用人单位的义务，其主要表现为，劳动者参加用人单位组织的劳动，遵守用人单位制定的劳动纪律，完成用人单位安排的劳动任务。另一方面要求用人单位对劳动者承担保障劳动力再生产和履行劳动义务以外人身自由的义务，主要表现为，向劳动者支付劳动报酬和其他物质待遇，保护劳动者在劳动过程中的安全和健康，不强迫劳动者劳动。在劳动法律关系中，用人单位的义务可概括为保护劳动者的财产权、劳动安全权以及人身自由权。

【案例4.1】原告张某是某职中学生，2009年10月由学校安排到某电子公司实习。10月20日起，公司安排原告上夜班，工作12个小时。11月6日夜班期间，原告张某提出要辞职回家，经带班班长劝解后回到工作间。工作期间情绪受到刺激，再次产生回家的念头。张某乘夜间吃饭期间从办公区三楼窗户跳下欲离开而受伤。经鉴定，原告张某因此次意外事故造成五级残疾。另查，第一被告某职业中学与第二被告某电子公司签订了书面的实习协议。

法院经审理查明：第一、第二被告在安排原告实习时，明知原告系不满18周岁的未成年人，而安排其从事夜班并从事12个小时的工作，违反了《劳动法》及《中等职业学校学生实习管理办法》的规定，原告虽系未成年人，但已年满17周岁，应该对自己的行为后果有一定的认识。本案中，第一、第二被告在对原告实习时间和劳动强度的安排没有从法律和未成年人身心健康的角度考虑，导致原告工作强度大而产生辞职回家的想法，虽经劝解暂时放弃，但后又因情绪受到刺激重新产生，进而做出不理智的行为。原告对工作期间产生的不良情绪不能通过正常途径解决，而选择不理智的行为，故原被告对本案人身损害的发生均有过错。根据本案查明事实，工作时间及工作强度的安排系造成原告跳楼的主因，故第一、第二被告应承担本起事故的主要责任，且承担连带赔偿责任，原告承担本案的次要责任。根据本案实际情况及从保护未成年人的角度出发，第一、第二被告连带承担80%的责任，原告承担20%的责任①。

案例4.1中，中职学生张某年满17周岁，身体健康，智力正常，但是其在校学生的身份决定了张某无法实现行为自由，必须接受学校的教育和管理，从这一点来看，张某并非适格的劳动主体。另外，职业中专生的实习并非正式的就业，而是按照课程要求，提升学生技能而设计的社会实践环节。学校和实习单位在保障学生实习方面各司其责，相互配合。《中等职业学校学生实习管理办法》对此有比较详细的规定，第十三条还规定："学生实习每日不超过八小时。不得安排学生夜班实习。"由以上两点理由可知，法院的裁判说理是清楚的，结论是妥当的。

【案例4.2】 胡某系东南大学成贤学院2011级学生，2015年2月17日棒约翰公司向胡某发出录用通知，载明胡某的工作岗位为餐厅见习助理，工作地点为南京，实习期工资为2 700元/月，转正工资为2 900元/月。双方于2015年3月2日签订《在校生实习协议》，协议约定胡某从事餐厅见习助理工作，实习期限为2015年3月2日至2016年3月1日止，棒约翰公司每月支付胡某实习津贴2 700元，棒约翰公司不为胡某缴纳社会保险费。胡某在棒约翰公司工作期间，棒约翰公司与胡某及胡某所在学校间并未签订三方协议，棒约翰公司也没有向胡某所在学校支付任何费用。胡某每天工作8个小时。棒约翰公司每月通过银行发放胡某的实习补贴至2015年6月，银行对账单中的摘要标注为"工资"。2015年4月17日胡某在上班路上发生交通事故，并住院手术，后未再至棒约翰公司处工作。2015年6月22日，胡某领取到东南大学成贤学院的毕业证书。2015年7月15日，胡某向南京市劳动人事争议仲裁委员会提出仲裁申请，请求确认其与棒约翰公司之间存在劳动关系。2015年7月23日，棒约翰公司作出《终止实习协议通知书》，终止胡某、棒约翰公司双方签订的《在校生实习协议》。2015年8月27日，南京市劳动人事争议仲裁委员会经审查认为，胡某至棒约翰公司实习以及发生交通事故时为在校大学生，且胡某发生交通事故后未再至棒约翰公司处工作，故裁决对胡某的仲裁请求不予支持。胡某不服，于法定期限内诉至一审法院。

一审法院认为，胡某与棒约翰公司签订协议时已年满22周岁，符合《劳动法》规定的就业年龄，具备与用工单位建立劳动关系的行为能力与责任能力，且法律并未将在校学生排除在外，学生身份并不当然限制胡某作为普通劳动者加入劳动力群体。原

---

① 东海县人民法院：《未成年人受伤害民事典型案例》，2015年11月11日。网址：https://mp.weixin.qq.com/s?__biz=MzAxNzMwMzI4OA==&mid=400538246&idx=2&sn=0e5b390f28c6f50b06f339aa6f377b59&chksm=09cc89113ebb0007d9d71493e8e1e27b3b1790def038e13df4f3af99ba189bae5fc7151f25ac&scene=27

劳动部《关于贯彻执行〈中华人民共和国劳动法〉若干问题的意见》第十二条规定："在校生利用业余时间勤工助学，不视为就业，未建立劳动关系，可以不签订劳动合同。"该规定应指在校学生不以就业为目的，利用学习之余的空闲时间打工补贴学费、生活费的情形。本案中胡某进入棒约翰公司时距离其毕业只剩3个多月的时间，棒约翰公司在录用胡某时对其学习情况、毕业时间应当清楚，双方签订的协议期限持续到胡某毕业后近9个月，可以看出胡某向棒约翰公司明确表达了求职就业的愿望，棒约翰公司也认可胡某的就业目的，双方就此形成真实的劳动关系，而且胡某在棒约翰公司处每天工作时间达8个小时，并非利用业余时间勤工助学，而是以就业为目的在棒约翰公司处工作。棒约翰公司主张胡某为实习生，不具备劳动主体资格，但实习是以学习为目的，到机关、企业、事业单位等参加社会实践，巩固、补充课堂知识，没有工资，不存在由实习生与单位签订劳动合同、明确岗位、报酬、福利待遇等的情形。胡某的情形显然不属于实习。胡某、棒约翰公司签订的《在校生实习协议》本质上为劳动合同，胡某、棒约翰公司之间存在劳动关系，该协议属双方真实意思表示，不违反法律、行政法规的禁止性规定，合法、有效，对双方均具有法律约束力。综上，一审法院依据《劳动法》第十七条、第十八条，《中华人民共和国民事诉讼法》第六十四条、第一百四十二条之规定，判决：确认胡某与棒约翰公司自2015年3月2日起存在劳动关系。

青年劳动者在就业中应注意以下事项：

第一，依据劳动法律法规的规定，劳动者必须年龄适格、身体健康、智力正常、行为自由，这四方面必须同时满足，缺一项都不是合格的劳动主体，缺一项都会存在潜在的法律风险。

第二，劳动者是外国人的，劳动者本人必须积极配合用人单位申报资料，领取外国人来华就业许可证。

第三，用人单位必须是有资质的合法的企事业单位、国家机关、社会团体、个体经济组织、民办非企业单位。双方均适格，才能和谐有序，发生纠纷时，才有法可依，劳动权益才能得到法律保护。

第四，在校大学生能否成为劳动关系的主体，我国劳动法律法规并未作出禁止性规定。《劳动法》第十五条第一款规定："禁止用人单位招用未满十六周岁的未成年人。"原劳动部《关于贯彻执行〈中华人民共和国劳动法〉若干问题的意见》第四条规定："公务员和比照实行公务员制度的事业组织和社会团体的工作人员，以及农村劳动者（乡镇企业职工和进城务工、经商的农民除外）、现役军人和家庭保姆等不适用劳动法"。该条规定并未将在校大学生包括在内。第十二条规定："在校生利用业余时间勤工助学，不视为就业，未建立劳动关系，可以不签订劳动合同。"该规定从规范劳动合同制度的角度，将"利用业余时间勤工助学"的在校生排除在劳动关系主体之外。

【案例4.3】 2007年年底，"北大假博士"刘某某伪造了北大的本科、硕士、博士学历，应聘郑州某学院教师职位，该学院信以为真，即与刘某某商谈招聘事宜。为了能让刘某某毕业后到学院工作，该学院决定让其毕业前即可上班。2008年12月份，刘某某到该学院上班，学院按博士生待遇支付给刘某某4万元安家费，三个月工资6 000元，并分配120平方米住房一套。刘某某上班后，多次以自己是北大博士为由，要求提高待遇，不断和学院提出需要配置电脑、打印机和科研启动资金等要求。该学院经向北京大学查询，发现刘志刚北大博士是假的[①]。

请问：劳动者在求职中和工作过程的学历造假、伪造职业资格证书等行为，劳动者应承担何种责任？

学习任务三　就业实践中的劳动合同问题

（一）劳动合同的定义及特征

劳动合同，是指劳动者与用人单位之间确立劳动关系，明确双方权利和义务的协议。签订劳动合同的目的是为了确立劳动者与用人单位间的劳动关系。订立和变更劳动合同，应当遵循平等自愿、协商一致的原则，不得违反法律、行政法规的规定。劳动合同依法订立即具有法律约束力，当事人必须履行劳动合同规定的义务。维护劳动者和用人单位的合法权益，双方之间签订的劳动合同就是最有力的证明。

除了具有合同的共同特征外，劳动合同还有自己独有的下列特征：

1. 劳动合同主体具有特定性

一方是劳动者，即具有劳动权利能力和劳动行为能力的中国人、外国人和无国籍人；另一方是用人单位，即具有使用劳动能力的权利能力和行为能力的企业个体经济组织、事业组织、国家机关、社会团体等用人单位。双方在劳动过程中具有支配与被

---

① 佚名：《司法案例分析——打工劳动者权益受侵犯案例分析》，载《豆丁网》，2024年2月17日。网址：https://www.docin.com/p-2152681151.html。

支配、领导与服从的从属关系。

2. 劳动合同内容具有劳动权利和义务的统一性和对应性

没有只享受劳动权利而不履行劳动义务的，也没有只履行劳动义务而不享受劳动权利的。一方的劳动权利是另一方的劳动义务，反之亦然。

3. 劳动合同客体具有单一性

劳动合同客体，是指劳动权利义务共同指向的对象，这里特指劳动行为。

4. 劳动合同具有诺成、有偿、双务合同的特征

劳动者与用人单位就劳动合同条款内容达成一致意见，劳动合同即成立。用人单位根据劳动者劳动的数量和质量给付劳动报酬，不能无偿使用劳动力。劳动者与用人单位均享有一定的权利并履行相应的义务。

5. 劳动合同往往涉及第三人的物质利益关系

劳动合同必须具备社会保险条款，同时劳动合同双方当事人也可以在劳动合同中明确规定有关福利待遇条款，而这些条款往往涉及第三人物质利益待遇。

（二）劳动合同的内容

劳动合同是建立劳动关系的基本形式，是促进劳动力资源合理配置的重要手段，是避免或减少劳动争议的发生、建立稳定劳动关系的重要制度。劳动合同的内容可分为两方面，一方面是必备条款的内容，另一方面是协商约定的内容。必备条款包括用人单位的名称、住所和法定代表人或者主要负责人；劳动者的姓名、住址和居民身份证或者其他有效身份证件号码；劳动合同期限；工作内容和工作地点；工作时间和休息休假；劳动报酬；社会保险；劳动保护、劳动条件和职业危害防护；法律法规规定应当纳入劳动合同的其他事项。约定条款是指试用期、培训、保守秘密、补充保险和福利待遇等其他事项。

【案例4.4】 田某等9名员工于11月9日进入某酒店工作，当日，酒店与田某等9人签署《员工协议》，协议内容约定："1. 培训期间截止至开业为止，在培训期间，按照培训期工资标准发放，待开业后，享有所在岗位的工资及相应其他待遇；2. 公司实行考勤机记录出勤状况，员工……需打卡上下班；3. 员工如需申请假期，则需提前一天填写假期申请单，……；4. 员工应遵守公司管理制度……；5. 申请离职者……"。酒店未为员工缴纳社保。次年3月，双方发生劳动争议，田某等9名员工向法院起诉，要求酒店支付未签书面劳动合同二倍工资差额。该酒店辩称，双方在入职时已签订了

《员工协议》,对权利义务进行了约定,故无须支付工资差额。法院经审理认为,因双方签订的《员工协议》并不具备劳动合同必备条款,故不应视为双方已签订书面劳动合同,法院最终判决支持了劳动者的全部诉讼请求。

依法及时订立书面劳动合同是用人单位的法定义务。根据《中华人民共和国劳动合同法》(以下简称《劳动合同法》)第十七条的规定,劳动合同应当具备劳动合同期限、工作内容和工作地点、工作时间和休息休假、劳动报酬、社会保险、劳动保护、劳动条件、职业危害防护等条款。案例4.4中,酒店方虽然形式上与员工签订了所谓的《员工协议》,但该协议对法定必备条款内容均未规定,协议更多体现的是对酒店规章制度的确认和申明。因此,酒店方的抗辩意见不能成立,应认定双方未签订书面劳动合同,劳动者有权要求酒店依法支付未签书面劳动合同二倍工资差额。

(三) 劳动合同的履行

劳动合同一旦签订,劳动者和用人单位均负有法定的权利与义务。劳动者的权利包括平等就业和选择职业的权利、取得劳动报酬的权利、休息休假的权利、获得劳动安全卫生保护的权利、接受职业技能培训的权利、享受社会保险和福利的权利、提请劳动争议处理的权利以及法律规定的其他劳动权利。劳动者的义务包括完成劳动任务,提高职业技能,执行劳动安全卫生规程,遵守劳动纪律和职业道德,保守商业秘密。

【案例4.5】 2022年2月,陈某与甲公司签订劳动合同,陈某从事项目策划经理工作,合同第九条约定陈某不得在合同期内及合同终止后1年内服务于甲公司的合作方、合作方的上下游服务商或同行,如有违约须10倍支付甲公司已付给陈某的所有劳动报酬。2022年9月,陈某从甲公司辞职后前往甲公司的合作方乙公司工作。事后,甲公司向劳动仲裁委申请仲裁,要求陈某支付违反竞业禁止义务的违约金,被驳回诉求。甲公司不服,诉至人民法院。一审法院驳回诉求。二审法院认为,合同中约定了竞业限制条款虽未明确约定经济补偿金,但是并不是无效条款。因为经济补偿金具有强制性,在约定竞业限制的前提下,经济补偿金自动称为合同内容的一部分,故改判陈某支付甲公司违约金。

案例4.5中,陈某违背了劳动者的义务,从而应当承担相应的违约金。

(四) 劳动合同的解除

劳动合同解除,是指当解除的条件具备时,已经有效成立的劳动合同因当事人一方或双方的意思表示，使劳动合同关系消灭的行为。劳动合同的解除方式有协议解除和单方解除。

【案例 4.6】 2016 年 10 月，邱某进入某公司担任营业部业务助理。2021 年 11 月底，公司与邱某协商解除劳动合同，并对其进行经济补偿。邱某离职后，公司同事多次通过微信、短信、电话等方式沟通，要求其告知工作电脑密码，并移交电脑内的文件，但邱某明确表示拒绝。沟通未果，公司向邱某发出律师函，要求其解锁电脑密码，并移交电脑中的所有资料。邱某则申请劳动仲裁，要求公司支付拖欠的半个月工资；公司提出反请求，要求邱某交付电脑密码和资料或者承担维修费用 9 200 元（公司委托专业技术公司破解密码、恢复硬盘的费用）。庭审中，邱某述称，其离职当日即完成了工作电脑及物品的移交，公司并未提出异议。其使用的电脑系公司分配给每位员工各自使用的，并未存储过任何重要文件，不足以影响公司正常开展业务。并表示，离职前其删除了部分与私人有关的文件，这是任何离职员工都会进行的操作，公司从未禁止删除电脑文件，劳动合同中对此也没有任何约定，自己没有义务进行赔偿。

劳动者离职后应当按照双方约定，遵循诚实信用的原则办理工作交接的义务。为保障用人单位相关工作的有序、顺利进行，不影响正常的生产经营活动，劳动者应返还公司的财物及相关经营资料，包括存储在电脑硬盘上的相关数据及文件。

员工离职管理中容易忽略的一个问题就是工作交接问题，劳资矛盾可能更直接地表现为工作交接的冲突，如员工拒绝交接工作、不交还工作工具、非法占有公司财物。因此有必要在劳动合同中对工作交接提前做出约定。对工作交接，主要规定在《劳动合同法》第五十条第二款"劳动者应当按照双方的约定，办理工作交接。用人单位依照本法有关规定应当向劳动者支付经济补偿金的，在办结工作交接时支付"，据此一方面用人单位可以约定"员工应当按照合同约定做好工作交接，不交接或者不完全交接，造成公司损失的，员工应当承担损失赔偿责任"；另一方面用人单位也可以以经济补偿金为条件，督促员工办理工作交接。

【案例 4.7】 某制药厂与王某签订了为期 10 年的劳动合同。同时，该厂选派王某去国外学习一项制药工艺技术，共花费人民币 10 万多元。劳动合同约定，在合同期内，王某不得调离本企业，如违约给企业造成经济损失时，应负全部赔偿责任。在王某工作第五年时，某合资企业以高薪向王某发出聘任意向，王某从制药厂离职，与合资企业签订了 2 年期的劳动合同。王某离职后，制药厂其他技术人员并没有完全掌握制药技术，相关产品质量下降，给制药厂带来了大量的经济损失。某制药厂向当地的劳动争议仲裁委员会提出申请，要求王某及某合资企业赔偿全部经济损失。

根据《劳动法》第一百零二条规定："劳动者违反本法规定的条件解除劳动合同或者违反劳动合同中约定的保密事项，对用人单位造成经济损失的，应当承担赔偿责任。"某合资企业以高薪聘用王某，事前未检查王某是否与原单位解除了劳动合同，构成了对原用人单位的侵权行为，依法应承担连带赔偿责任。

（五）劳动者的社会保险

职工享受社会保险的权利，是指劳动者在劳动过程中，基于单位和本人社会保险缴费义务的履行，有权在年老、患病、工伤、失业、生育等情况下获得帮助和补偿的权利。《中华人民共和国社会保险法》（以下简称《社会保险法》）第二条规定："国家建立基本养老保险、基本医疗保险、工伤保险、失业保险、生育保险等社会保险制度，保障公民在年老、疾病、工伤、失业、生育等情况下依法从国家和社会获得物质帮助的权利。"《劳动法》第七十二条规定："用人单位和劳动者必须依法参加社会保险，缴纳社会保险费。"

《工伤保险条例》第二十九条规定："职工因工作遭受事故伤害或者患职业病进行治疗，享受工伤医疗待遇"。根据该法律规定，只有属于工伤事故范围内的职工，才能依据《工伤保险条例》处理。也就是说，工伤是以双方存在劳动关系为前提的。认定为工伤的具体情况有六种：在工作时间和工作场所内，因工作原因受到事故伤害的；工作时间前后在工作场所内，从事与工作有关的预备性或者收尾性工作受到事故伤害的；在工作时间和工作场所内，因履行工作职责受到暴力等意外伤害的；患职业病的（接触粉尘、放射性物质和其他有毒、有害物质等因素而引起的疾病）；因工外出期间，由于工作原因受到伤害或者发生事故下落不明的；在上下班途中，受到非本人主要责任的交通事故或者城市轨道交通、客运轮渡、火车事故伤害的；法律、行政法规规定应当认定为工伤的其他情形。根据《社会保险法》第四十二条规定，由于第三人的原因造成工伤，第三人不支付工伤医疗费用或者无法确定第三人的，由工伤保险基金先行支付。工伤保险基金先行支付后，有权向第三人追偿。

【案例4.8】 张某在上班途中发生机动车交通事故，张某不担责。张某受伤后，吴某（张某单位法定代表人）为张某垫付医疗费82 152元（医疗费发票金额84 545元，其中张某个人支付2 393元）。事后，经法院调解。张某获得了保险公司赔付的机动车交通事故赔偿款162 401元，其中医疗费82 673元。之后，吴某以张某不当得利为由向法院起诉，请求判决张某返还吴某垫付的医疗费 82 152 元及本案诉讼费 2 626 元。张某认为吴某的垫付行为为职务行为，所垫付的费用为工伤待遇赔偿款。

司法实践中，劳动者因第三人侵权造成人身损害并构成工伤，如果已经获得侵权赔偿，用人单位承担的工伤保险责任应扣除第三人已支付的医疗费、护理费、营养费、交通费、住院伙食补助费、残疾器具辅助费、丧葬费等实际发生的必要费用。用人单位先行支付工伤保险赔偿的，可以就上述费用在第三人应承担的赔偿责任范围内向其追偿。因此，即使在第三人侵权与认定为工伤并存的情况下，劳动者的医疗费损失也不得重复主张。案例 4.8 中，用人单位（吴某）先行支付了劳动者的医疗费用，故张某在享受了工伤保险的同时应当返还吴某垫付的医疗费用。

学习任务四　就业实践中的劳动纠纷问题解决机制

（一）就业实践中劳动权益被侵犯的现象

【案例 4.9】蔡某作为包工头带领郑某、邱某等 5 名工人承包了某县某楼盘 A 区 19 栋和 21 栋的内墙粉刷工程，并于同年 11 月完工。蔡某从承建单位领取了工程款，但是只支付了一部分工资给郑某、邱某等人，剩余工资款 6.6 万元迟迟不肯支付。次年 3 月，郑某、邱某等 5 名工人到某县人社局劳动保障监察大队上访投诉，监察大队经调查后对蔡某下达了限期改正指令书，限定其在 3 月 24 日前进行整改，蔡某仍然拒不改正。一个月后，蔡某在某站乘坐动车时被民警抓获，同日被刑事拘留。蔡某家属与郑某、邱某等 5 名工人达成协议，代为支付 3.8 万元，剩余款项不再要求支付。

劳动者出卖劳动力，以获得劳动报酬作为代价。劳动报酬是劳动者生存发展的主要来源，如果没有劳动报酬，劳动者的生存权就会受到威胁。劳动报酬权是指劳动者依照劳动法律关系，履行劳动义务，由用人单位根据按劳分配的原则及劳动力价值支付报酬的权利。一般情况下，劳动者一方只要在用人单位的安排下按照约定完成一定的工作量，劳动者就有权要求按劳动取得报酬。拖欠劳动报酬不仅侵犯了劳动者的劳动权和生存权，还影响到社会的公平正义以及和谐社会的建设，因此这种现象得到了政府和社会的广泛关注。对此，2011 年 2 月《刑法修正案（八）》规定了拒不支付劳动报酬罪，主要是指以转移财产、逃匿等方法逃避支付劳动者的劳动报酬或者有能力支付而不支付劳动者的劳动报酬，数额较大，经政府有关部门责令支付仍不支付的行为。本案中蔡某的行为就构成拒不支付劳动报酬罪。

用人单位在履行义务过程中侵犯劳动者合法权利的行为主要构成以下几类犯罪：第一是侵犯劳动者财产权的犯罪，主要是拒不支付劳动报酬罪、诈骗罪、合同诈骗罪以及妨害清算罪、虚假破产罪。第二是侵犯劳动者劳动安全权的犯罪，主要包括重大责任事故罪、重大劳动安全事故罪、危险物品肇事罪、工程重大安全事故罪。第三是侵犯劳动者人身自由权的犯罪，主要包括强令违章冒险作业罪、强迫劳动罪、协助他人强迫劳动罪、雇佣童工从事危重劳动罪、非法拘禁罪、非法搜查罪以及侮辱罪。第四是侵害劳动者社会保障权和获得救济权的犯罪，包括挪用公款罪、贪污罪、滥用职权罪、玩忽职守罪。列表如下：

主目录	次目录
侵犯劳动者财产权的犯罪	1. 拒不支付劳动报酬罪
	2. 诈骗罪和合同诈骗罪
	3. 妨害清算罪
	4. 虚假破产罪
侵犯劳动者劳动安全权的犯罪	1. 重大责任事故罪
	2. 重大劳动安全事故罪
	3. 危险物品肇事罪
	4. 工程重大安全事故罪
侵犯劳动者人身自由的犯罪	1. 强令违章冒险作业罪
	2. 强迫劳动罪、协助他人强迫劳动罪
	3. 雇用童工从事危重劳动罪
	4. 非法拘禁罪
	5. 非法搜查罪
	6. 侮辱罪
侵害劳动者社会保障权和获得救济权的犯罪	1. 挪用公款罪
	2. 贪污罪
	3. 滥用职权罪
	4. 玩忽职守罪

(二) 就业实践中的劳动纠纷方式

【案例 4.10】李某是一家物业公司的维修工，5 年的劳动合同到期，公司通知他不再续签。他在离职通知书上签字后，获得了2 000元补偿。李某认为，他在公司做了5年才这么点补偿太少，加上公司拖欠其加班费，于是李某在找公司讨要无果后申请了劳动仲裁。申请劳动仲裁后，该公司的经理很快打电话给李某，说公司效益不好，请互相体谅，如果李某愿意私了的话，可以把补偿增加到8 000元。李某觉得自己没什么文化，又请不起律师，所以就答应和单位私了，撤销了仲裁申请。但是，和李某同样情形的公司同事张某却没有向公司妥协，坚持申请劳动仲裁。经过仲裁和法院庭审，最终拿到终止劳动合同经济补偿金、加班工资差额、未休年休假工资等一共3万多元。为此，李某后悔不已。

　　发生劳动争议，劳动者可以通过协商、调解、仲裁、诉讼等方式加以解决。《中华人民共和国劳动争议调解仲裁法》（以下简称《劳动争议调解仲裁法》）规定，发生劳动争议，劳动者可以与用人单位协商，也可以请工会或者第三方共同与用人单位协商，达成和解协议。不愿协商、协商不成或者达成和解协议后不履行的，可以向调解组织申请调解；不愿调解、调解不成或者达成调解协议后不履行的，可以向劳动争议仲裁委员会申请仲裁；对仲裁裁决不服的，除本法另有规定的外，可以向人民法院提起诉讼。

　　案例4.10中，所谓"私了"就是法律规定中的"协商"，是合法的。但是协商的基础是《劳动合同法》中的规定，如《劳动合同法》明确规定，用人单位因劳动合同期满与职工解除合同的，应当向劳动者支付经济补偿。补偿标准由法律规定，按照劳动者在该单位工作的年限支付，每满一年支付一个月工资，六个月以上不满一年按一年计算，不满六个月的按半个月工资标准给付。协商的前提是劳动者应当清楚在法律上我能得到什么样的救济，不能让对方牵着鼻子走。

　　由于青少年正处于身体和大脑发育的阶段，前额叶皮质的发展相对滞后，因此易于情绪冲动。实务中，如果青年劳动者遭遇劳动纠纷，建议不要采取过激行为。例如，因为发生纠纷而对企业或者企业负责人的财产进行打砸、对企业方的人员进行伤害。这样不理智的行为有可能会触犯刑法，构成故意毁坏他人财物罪、故意伤害罪等罪。还有就是不要通过伤害自己的方式讨薪。有的人比较过激，希望通过伤害自己来威慑企业，但往往达不到目的，反而让自己遭受痛苦。

 所涉及部门

　　就业实践中的权益保护工作涉及民政部门、人力资源和社会保障部门、公安局、

检察院、法院等部门。

思考题

- 简述劳动者的就业能力。
- 简述劳动合同的特征。
- 简述劳动纠纷的解决流程。
- 简述我国当前的劳务派遣制度。

专题实训

1. 请依据所讲授的内容制作劳动法律法规宣讲图册，要求图文并茂、生动明晰、重点突出。

2. 请选取当地5家以上用人单位，调研该单位的用工情况和劳动法律制度的执行状况，并撰写调研报告。

法条链接

《劳动合同法》第二条　中华人民共和国境内的企业、个体经济组织、民办非企业单位等组织与劳动者建立劳动关系，订立、履行、变更、解除或者终止劳动合同，适用本法。

国家机关、事业单位、社会团体和与其建立劳动关系的劳动者，订立、履行、变更、解除或者终止劳动合同，依照本法执行。

《劳动合同法》第十条　建立劳动关系，应当订立书面劳动合同。

已建立劳动关系，未同时订立书面劳动合同的，应当自用工之日起一个月内订立书面劳动合同。

用人单位与劳动者在用工前订立劳动合同的，劳动关系自用工之日起建立。

《劳动合同法》第十四条　无固定期限劳动合同，是指用人单位与劳动者约定无确定终止时间的劳动合同。

用人单位与劳动者协商一致，可以订立无固定期限劳动合同。有下列情形之一，劳动者提出或者同意续订、订立劳动合同的，除劳动者提出订立固定期限劳动合同外，应当订立无固定期限劳动合同：

（一）劳动者在该用人单位连续工作满十年的；

（二）用人单位初次实行劳动合同制度或者国有企业改制重新订立劳动合同时，劳动者在该用人单位连续工作满十年且距法定退休年龄不足十年的；

（三）连续订立二次固定期限劳动合同，且劳动者没有本法第三十九条和第四十条第一项、第二项规定的情形，续订劳动合同的。

用人单位自用工之日起满一年不与劳动者订立书面劳动合同的，视为用人单位与劳动者已订立无固定期限劳动合同。

《劳动合同法》第十七条　劳动合同应当具备以下条款：

（一）用人单位的名称、住所和法定代表人或者主要负责人；

（二）劳动者的姓名、住址和居民身份证或者其他有效身份证件号码；

（三）劳动合同期限；

（四）工作内容和工作地点；

（五）工作时间和休息休假；

（六）劳动报酬；

（七）社会保险；

（八）劳动保护、劳动条件和职业危害防护；

（九）法律、法规规定应当纳入劳动合同的其他事项。

劳动合同除前款规定的必备条款外，用人单位与劳动者可以约定试用期、培训、保守秘密、补充保险和福利待遇等其他事项。

《劳动合同法》第十九条　劳动合同期限三个月以上不满一年的，试用期不得超过一个月；劳动合同期限一年以上不满三年的，试用期不得超过二个月；三年以上固定期限和无固定期限的劳动合同，试用期不得超过六个月。

同一用人单位与同一劳动者只能约定一次试用期。

以完成一定工作任务为期限的劳动合同或者劳动合同期限不满三个月的，不得约定试用期。

试用期包含在劳动合同期限内。劳动合同仅约定试用期的，试用期不成立，该期限为劳动合同期限。

《劳动合同法》第二十条　劳动者在试用期的工资不得低于本单位相同岗位最低档

工资或者劳动合同约定工资的百分之八十，并不得低于用人单位所在地的最低工资标准。

《劳动合同法》第三十八条 用人单位有下列情形之一的，劳动者可以解除劳动合同：

（一）未按照劳动合同约定提供劳动保护或者劳动条件的；

（二）未及时足额支付劳动报酬的；

（三）未依法为劳动者缴纳社会保险费的；

（四）用人单位的规章制度违反法律、法规的规定，损害劳动者权益的；

（五）因本法第二十六条第一款规定的情形致使劳动合同无效的；

（六）法律、行政法规规定劳动者可以解除劳动合同的其他情形。

用人单位以暴力、威胁或者非法限制人身自由的手段强迫劳动者劳动的，或者用人单位违章指挥、强令冒险作业危及劳动者人身安全的，劳动者可以立即解除劳动合同，不需事先告知用人单位。

《劳动合同法》第三十九条 劳动者有下列情形之一的，用人单位可以解除劳动合同：

（一）在试用期间被证明不符合录用条件的；

（二）严重违反用人单位的规章制度的；

（三）严重失职，营私舞弊，给用人单位造成重大损害的；

（四）劳动者同时与其他用人单位建立劳动关系，对完成本单位的工作任务造成严重影响，或者经用人单位提出，拒不改正的；

（五）因本法第二十六条第一款第一项规定的情形致使劳动合同无效的；

（六）被依法追究刑事责任的。

《劳动合同法》第四十条 有下列情形之一的，用人单位提前三十日以书面形式通知劳动者本人或者额外支付劳动者一个月工资后，可以解除劳动合同：

（一）劳动者患病或者非因工负伤，在规定的医疗期满后不能从事原工作，也不能从事由用人单位另行安排的工作的；

（二）劳动者不能胜任工作，经过培训或者调整工作岗位，仍不能胜任工作的；

（三）劳动合同订立时所依据的客观情况发生重大变化，致使劳动合同无法履行，经用人单位与劳动者协商，未能就变更劳动合同内容达成协议的。

《劳动合同法》第四十一条 有下列情形之一，需要裁减人员二十人以上或者裁减不足二十人但占企业职工总数百分之十以上的，用人单位提前三十日向工会或者全体职工说明情况，听取工会或者职工的意见后，裁减人员方案经向劳动行政部门报告，可以裁减人员：

（一）依照企业破产法规定进行重整的；

（二）生产经营发生严重困难的；

（三）企业转产、重大技术革新或者经营方式调整，经变更劳动合同后，仍需裁减人员的；

（四）其他因劳动合同订立时所依据的客观经济情况发生重大变化，致使劳动合同无法履行的。

裁减人员时，应当优先留用下列人员：

（一）与本单位订立较长期限的固定期限劳动合同的；

（二）与本单位订立无固定期限劳动合同的；

（三）家庭无其他就业人员，有需要扶养的老人或者未成年人的。

用人单位依照本条第一款规定裁减人员，在六个月内重新招用人员的，应当通知被裁减的人员，并在同等条件下优先招用被裁减的人员。

《劳动合同法》第四十二条　劳动者有下列情形之一的，用人单位不得依照本法第四十条、第四十一条的规定解除劳动合同：

（一）从事接触职业病危害作业的劳动者未进行离岗前职业健康检查，或者疑似职业病病人在诊断或者医学观察期间的；

（二）在本单位患职业病或因工负伤并被确认丧失或部分丧失劳动能力的；

（三）患病或者非因工负伤，在规定的医疗期内的；

（四）女职工在孕期、产期、哺乳期的；

（五）在本单位连续工作满十五年，且距法定退休年龄不足五年的；

（六）法律、行政法规规定的其他情形。

《社会保险法》第四十二条　由于第三人的原因造成工伤，第三人不支付工伤医疗费用或者无法确定第三人的，由工伤保险基金先行支付。工伤保险基金先行支付后，有权向第三人追偿。

《劳动争议调解仲裁法》第四条　发生劳动争议，劳动者可以与用人单位协商，也可以请工会或者第三方共同与用人单位协商，达成和解协议。

《劳动争议调解仲裁法》第五条　发生劳动争议，当事人不愿协商、协商不成或者达成和解协议后不履行的，可以向调解组织申请调解；不愿调解、调解不成或者达成调解协议后不履行的，可以向劳动争议仲裁委员会申请仲裁；对仲裁裁决不服的，除本法另有规定的外，可以向人民法院提起诉讼。

《劳动争议调解仲裁法》第四十三条　仲裁庭裁决劳动争议案件，应当自劳动争议仲裁委员会受理仲裁申请之日起四十五日内结束。案情复杂需要延期的，经劳动争议仲裁委员会主任批准，可以延期并书面通知当事人，但是延长期限不得超过十五日。逾期未作出仲裁裁决的，当事人可以就该劳动争议事项向人民法院提起诉讼。

仲裁庭裁决劳动争议案件时，其中一部分事实已经清楚，可以就该部分先行裁决。

《劳动争议调解仲裁法》第四十四条　仲裁庭对追索劳动报酬、工伤医疗费、经济补偿或者赔偿金的案件，根据当事人的申请，可以裁决先予执行，移送人民法院执行。

仲裁庭裁决先予执行的，应当符合下列条件：

（一）当事人之间权利义务关系明确；

（二）不先予执行将严重影响申请人的生活。

劳动者申请先予执行的，可以不提供担保。

《关于〈劳动法〉若干条文的说明》（劳办发〔1994〕289号）第十条　国家通过促进经济和社会发展，创造就业条件，扩大就业机会。

国家鼓励企业、事业组织、社会团体在法律、行政法规规定的范围内兴办产业或者拓展经营，增加就业。

国家支持劳动者自愿组织起来就业和从事个体经营实现就业。

本条第二款指的法律、行政法规有《劳动就业服务企业管理规定》《全民所有制工业企业转换经营机制条例》《城镇集体所有制企业条例》《个体工商户管理条例》以及中共中央、国务院《关于广开门路、搞活经济解决城镇就业问题的若干决定》等。

本条第三款中的"组织起来就业"是指通过兴办各种类型的经济组织实现就业。国家对这类经济组织实行在资金、货源、场地、原辅材料、税收等方面给予支持和照顾的政策。

学习模块五

青少年创业公司企业法律工作实务

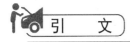

  小王是某职高学生,与另外三位有创业想法的同学一拍即合,每人投资 4 000 元准备开店。他们看中了校园附近一个闲置的店面,承租者是一位姓孙的女老板,她同意以 1.2 万元转让店面两年的使用权,但条件是不要让房东知道店面转租给他们,如果房东问起,就说他们几个大学生是帮她打工的,以此避免房东找麻烦。小王等人虽然知道孙老板不是真正的房东,但涉世未深的他们不知道一定要经过房东的同意才能租房,以为签订了协议就能保障自己的权利。小王等人与孙老板签订协议后,先支付了 7 000 元租金。当小王等人正对店面进行装修时,房东闻讯赶来阻止。房东表示,他和孙老板签订的合同上明确写了"该房子只允许做理发店,并且不允许转租"。由此,房东与孙老板发生了冲突,并锁住了店门。不甘示弱的孙老板也跟着在店门上挂了一把锁。此后,孙老板无影无踪,手机关机也不做任何解释。房东也不愿意和小王他们协商,反正房租已经收到了年底。这可苦了欲创业的学生,付给孙老板的 7 000 元房租,加上门面装修花费了 5 000 多元以及进货花去的钱,4 人凑的 1.6 万元已经所剩无几。后来,孙老板终于出现,她向小王等人提出两种方案:第一,小王等人将剩下的 5 000 元租金交齐,她再想办法和房东协商,让房东同意他们经营。第二,如果要她退还 7 000 元租金,小王他们必须把已经装修了的店面恢复原状,并补偿她两个月的误工费。其实,孙老板所称的"损失"应该与小王他们的损失合在一起由双方共同来承担。在协议双方都知情的情况下,因合同无效造成的损失应由双方共同承担。所以,小王等人可以向法院提起诉讼,用法律的手段解决纠纷。

学习目标

知识目标：掌握青少年创业法律工作的基本问题，了解青少年创业者在创业过程中面临的企业组织形式问题、企业设立问题、责任承担问题。熟悉与公司企业相关的法律法规和政策，明确青少年创业者在公司设立、运营、管理等方面的法律要求和规范。了解青少年创业公司企业常见的法律风险及防范措施，以及相应的法律责任和后果。

能力目标：提高青少年创业者识别和分析公司企业法律问题的能力，能够准确判断法律问题的性质和严重程度，为公司提供合适的法律建议和解决方案。增强青少年创业者处理公司企业法律事务的能力，能够与公司内部部门、外部法律机构等有效沟通，协同解决法律问题，维护公司的合法权益。培养青少年创业者预防和应对公司企业法律风险的能力。

素养目标：培养学生在自我创业和帮扶青少年创业时，能够具备法治思维和法律意识，自觉遵守法律法规，诚信经营，树立良好的企业形象；提升学生自身或者在帮扶青少年创业者时对公司企业法律工作的责任感和使命感，认识到法律工作对公司稳健发展的重要性，积极参与法律事务的处理和管理。

课堂讨论

请谈谈你所了解的青少年创业法律。青少年在创业过程中会遇到哪些法律问题？

学习任务一 青少年创业法律工作概述

青少年是社会的活力源泉，也是经济繁荣的生力军。青少年创业无疑是社会车轮滚滚向前的强大驱动力。然而创业这条道路并不容易，尤其是对于缺乏经验的青少年来说，创业需要面对许多法律风险，青少年创业者不仅需要敏锐的商业触觉，更需要明辨是非、遵规守纪的法治意识。总结实务，青少年在创业过程中涉及的共性法律问题主要包括以下问题：

(一) 创业初始阶段的资金、设备以及办公场所等相关法律问题

在创业的起点,青少年往往因为身份的特殊,缺乏可供抵押的财产和银行个人信用记录,导致贷款难。此时,应寻找政府为青少年创业者提供的优惠措施,充分运用各地为鼓励高校学生自主创业而出台的优惠政策,如工商注册、小额担保贷款、税费减免等。这些政策能帮助青少年找准创业方向。除此之外,对于那些更具挑战性的企业经营类创业计划,往往需要在校外租赁店面和办公场所。这时,青少年创业者需要学习《民法典》中关于房屋租赁的相关法律规定,以便解决办公场地的问题。

(二) 创业拓展阶段设立经营实体,进行行政审批等相关法律问题

关于创业经济组织的责任形式,我国有多部法规进行了详细规定,形成了多元化的企业组织形式。其中,《中华人民共和国公司法》(以下简称《公司法》)的一人有限责任公司和《中华人民共和国合伙企业法》(以下简称《合伙企业法》)的有限合伙企业制度,为青少年创业提供了有力支持,有效缓解了其在资金筹措和企业规模方面的困境。当然,青少年在创业过程中,还需严格遵守《企业登记管理条例》《公司登记管理条例》以及消防、卫生等行政审批程序的具体规定,确保企业合法合规运营。

(三) 创业经营阶段的市场交易及管理相关法律问题

在创业经营过程中,不可避免地会遇到各种交易行为。从合同的订立到履行,再到违约责任的承担,这些均与《中华人民共和国民法典》息息相关。除此之外,还需要深入了解《中华人民共和国产品质量法》《中华人民共和国劳动法》《中华人民共和国票据法》《中华人民共和国保险法》,以及《中华人民共和国反不正当竞争法》等法律法规中与创业相关的部分,以确保创业在合法的轨道上顺利前行。

(四) 创业经营阶段的知识产权相关法律问题

在创业经营阶段,应当在法律允许的范围内,妥善利用他人的知识产权。当前,我国已经构建了一套相对完善的知识产权法律保护体系,包括《中华人民共和国商标法》《中华人民共和国著作权法》和《中华人民共和国专利法》等法律。对于青少年创业者来说,可以利用专利公开的特性,从现有专利中汲取技术开发的灵感和可行性支持。但同时,青少年也要确保自己的行为不侵犯他人的专利权益。因此,在具体经营过程中,如何合法、合理地运用商标和专利等知识产权,是每位青少年创业者都应深入了解和学习的法律知识。

(五) 创业过程中纠纷解决的相关法律问题

作为创业的青少年,了解《中华人民共和国民事诉讼法》《中华人民共和国行政诉讼法》和《中华人民共和国仲裁法》中规定的具体诉讼程序是非常重要的。同时,创业的青少年还需要具备积极收集证据的法律意识,以便在遇到问题时能够更好地维护自己的权益。对于较大金额或较多商品的交易活动,建议采用书面形式订立合同并保留各类证据材料,这样能够确保双方的权益得到更有效的保障。

学习任务二 青少年创业中的企业组织形式问题

【案例 5.1】小王打算与朋友一起开个小吃店,主营麻辣烫。但他们不知道小吃店的性质是餐饮公司还是合伙企业更合适。小王和朋友都是刚毕业的职高生,起步不想太高,规模也不想很大;希望可以既兼顾当下的实情又考虑以后的发展。如果一年后生意好的话,还可以考虑另开分店,这样一来是否要先办个餐饮公司,对以后发展更好呢?

(一) 什么是企业组织形式

企业组织形式是指企业财产及其社会化大生产的组织状态,它表明一个企业的财产构成、内部分工协作与外部社会经济联系的方式,主要有独资企业、合伙企业和公司制企业三种形式。无论企业采用何种组织形式,都应具有两种基本的经济权利,即所有权和经营权,它们是企业从事经济运作和财务运作的基础。

(二) 我国几种主要的企业组织形式

个人独资企业,是指一个自然人投资并兴办的企业,其业主享有全部的经营所得,同时对债务负有无限责任。这种企业的规模都较小,其优点是经营者和所有者合一,经营方式灵活,建立和停业程序简单。这类企业的缺点是自身财力所限,抵御风险的能力较弱。

合伙企业,是指自然人、法人和其他组织依照《合伙企业法》在中国境内设立的,由两个或两个以上的主体通过订立合伙协议，共同出资经营、共负盈亏、共担风险的企业组织形式。合伙企业一般无法人资格，不缴纳所得税，缴纳个人所得税。类型有普通合伙企业和有限合伙企业。其中普通合伙企业又包含特殊的普通合伙企业。国有独资公司、国有企业、上市公司以及公益性事业单位、社会团体不得成为普通合伙人。合伙企业可以由部分合伙人经营，其他合伙人仅出资并共负盈亏，也可以由所有合伙人共同经营。

公司制企业，是指以盈利为目的，由许多投资者共同出资组建，股东以其认缴投资额为限对公司负责，公司以其全部财产对外承担民事责任的企业法人。公司的两种主要形式是有限责任公司和股份有限公司。有限责任公司股东以其出资额为限对公司承担责任，公司以其全部资产对公司的债务承担责任。股份有限公司，其全部资本分成等额股份，股东以其所持股份为限对公司承担责任，公司以其全部资产对公司的债务承担责任。公司企业有以下特点：一是股东负有有限责任；二是股份可转让，流动性好；三是可以募集大量资金；四是公司有独立的存在期限；五是管理较科学，效率较高；六是创办手续复杂，费用高；七是保密性差，财务状况比较透明；八是政府的限制较多；九是社会负担重，要承担双重税赋。

（三）企业组织形式的决定及选择

企业组织形式反映了企业的性质、地位、作用和行为方式，规范了企业与出资人、企业与债权人、企业与政府、企业与企业、企业与职工等内外部的关系。毫无疑问，它必须和我国的社会制度相适应，和我国的生产力发展水平相适应，同时要充分考虑到企业的行业特点。企业只有选择了合理的组织形式，才有可能充分地调动各个方面的积极性，使之充满生机和活力。在决定企业的组织形式时，要考虑的因素很多，但主要是以下几方面：

1. 税收

青少年创业者首先考虑的因素是税收，这一因素也是决定性因素。我国对公司企业和合伙企业实行不同的纳税规定。国家对公司营业利润在企业环节上课征公司税，税后利润作为股息分配给投资者，个人投资者还需要缴纳一次个人所得税。而合伙企业则不然，营业利润不征公司税，只征收合伙人分得收益的个人所得税。如果合伙人中既有本国居民，又有外国居民，就出现了合伙企业的跨国税收现象，由于国籍的不同，税收将出现差异。一般情况下，规模较大的企业应选择股份有限公司，规模不大的企业，采用合伙企业比较合适。因为，规模较大的企业需要资金多、筹资难度大、管理较为复杂，如采用合伙制形式运转比较困难。

2. 利润和亏损的承担方式

独资企业，业主无须和他人分享利润，但需要独自承担企业的亏损。合伙企业，如果合伙协议没有特别规定，利润和亏损由每个合伙人按相等的份额分享和承担。有限公司和股份公司，公司的利润是按股东持有的股份比例和股份种类分享的。对公司的亏损，股东个人不承担投资额以外的责任。

3. 资本和信用的需求程度

通常，投资人有一定的资本，但尚不足，又不想使事业的规模太大，或者扩大规模受到客观条件的限制，更适宜采用合伙或有限公司的形式；如果所需资金巨大，并希望经营的事业规模宏大，适宜采用股份制；如果开办人愿意以个人信用为企业信用的基础，且不准备扩展企业的规模，适宜采用独资的方式。

案例 5.1 中，小王和朋友创业，到底该选择设立公司还是合伙企业，哪个更合适呢？从防范风险的角度讲，建议小王和朋友设立有限责任公司。因为有限责任公司与合伙企业最大的区别就在于投资者是承担有限责任还是无限责任。根据《公司法》的规定，有限责任公司的股东以其认缴的出资额为限对公司承担责任，公司以其全部资产对公司的债务承担责任。如果工商登记注册的是合伙企业，则由各合伙人共同出资、共享收益、共担风险，普通合伙人对合伙企业债务承担无限连带责任。所谓连带责任，是指债权人可以向创业者全部普通合伙人或者其中任何一位索要全部债务。创业者处于创业阶段，未来风险难以预测，因此采取有限责任公司的形式较好。当然合伙企业也有其优势，否则就没有存在的价值了。特别是如果创业者希望部分人承担有限责任，部分人承担无限责任，则可以成立有限合伙企业。

学习任务三　青少年创业中的企业设立问题

（一）设立个人独资企业的条件

根据《中华人民共和国个人独资企业法》（以下简称《个人独资企业法》）第八条的规定，设立个人独资企业须具备以下五个方面的条件：

1. 投资人为一个自然人

个人独资企业的投资人必须是一个人，而且只能是一个自然人。此处所称的自然人只能是具有中华人民共和国国籍的自然人，不包括外国的自然人，所以外商独资企业不适用《个人独资企业法》，而适用《中华人民共和国外资企业法》。

2. 有合法的企业名称

个人独资企业享有名称权和商号权。个人独资企业的名称应当与其责任形式及所从事的营业相符合。企业的名称应遵守企业名称登记管理规定。企业只准使用一个名称，在登记主管机关辖区内不得与已登记注册的同行业企业名称相同或者近似。个人独资企业的名称中不得使用"有限""有限责任"等字样。

3. 有投资人申报的出资

一定的资本是任何企业得以存在的物质基础，独资企业也不例外。但由于独资企业的出资人承担的是无限责任，而并不是仅以出资额为限承担责任，故独资企业法不要求个人独资企业有最低注册资本金，仅要求投资人有自己申报的出资即可。这一规定便于独资企业的设立，有利于独资企业的发展。

4. 有固定的生产经营场所和必要的生产经营条件

这是个人独资企业存续与经营的基本物质条件，必备不可。至于经营场所与经营条件的规模与数量等原则根据各企业的不同情况来确定。

5. 有必要的从业人员

个人独资企业的从业人员可以包括投资人自己以及由投资人委托或聘用的其他具有民事行为能力的人。这些从业人员是个人独资企业进行正常运营和提供合格产品或服务的基础。

（二）设立合伙企业的条件

1. 设立普通合伙企业应具备的条件

（1）有符合要求的合伙人

设立合伙企业必须有2个以上合伙人，并且都是完全民事行为能力人，且依法承担无限责任；法律、行政法规禁止从事营利性活动的人，如法官、检察官、人民警察、国家公务员等，不得作为合伙企业的合伙人。

（2）有书面合伙协议

合伙协议是2个以上公民为设立合伙企业而签订的合同。合伙协议必须采用书面形式，经全体合伙人签名、盖章后生效。合伙人依照合伙协议享有权利、承担责任。合伙协议应当载明下列事项：合伙企业的名称和主要经营场所的地点；合伙目的和合伙的经营范围；合伙人的姓名及其住所；合伙人出资的方式、数额和缴付出资的期限；利润分配和亏损分担办法；合伙事务的执行；入伙与退伙；合伙企业的解散与清算；违约责任。合伙协议还可以载明合伙企业的经营期限和合伙人争议的解决方式。

（3）有各合伙人实际缴付的出资

合伙人的出资必须是合伙人的合法财产或财产权利，合伙人必须按照合伙协议约定的出资方式、数额和交付出资的期限，履行出资义务。如果合伙人违反了这一义务，即构成违约，其他合伙人可追究其违约责任。合伙人可以用货币、实物、土地使用权、知识产权或者其他财产权利出资；上述出资应当是合伙人的合法财产及财产权利。对货币以外的出资需要评估作价的，可以由全体合伙人协商确定，也可以由全体合伙人委托法定评估机构进行评估。经全体合伙人协商一致，合伙人也可以用劳务出资，其评估办法由全体合伙人协商确定。

（4）有合伙企业的名称

合伙企业只有拥有自己的名称，才能以自己的名义参与民事法律关系，享有民事权利，承担民事义务，并参与诉讼，成为诉讼当事人。

（5）有经营场所和从事合伙经营的必要条件

经营场所是合伙企业从事生产经营活动的所在地。合伙企业一般只有一个经营场所，记载企业登记机关登记的营业点。经营场所的法律意义在于确定债务履行地、诉讼管辖、法律文书送达等。从事合伙经营的必要条件是指根据合伙企业的业务性质、规模等因素而需具备的设施、设备、人员等方面的条件。

2. 设立有限合伙企业的条件

（1）设立主体

普通合伙企业由普通合伙人组成，而有限合伙企业由普通合伙人和有限合伙人组成，且至少应当有一个有限合伙人。《合伙企业法》没有对普通合伙企业中合伙人的人数上限做出规定，但依《合伙企业法》第六十一条第一款的规定，除法律另有规定外，有限合伙企业由二个以上五十个以下合伙人设立。作出这样的限制性规定旨在防止利用有限合伙企业形式进行非法集资活动。

（2）合伙协议

设立有限合伙企业的合伙协议除了具备设立普通合伙企业的合伙协议应当载明的事项外，还应当载明下列事项：普通合伙人和有限合伙人的姓名或者名称、住所；执行事务合伙人应具备的条件和选择程序；执行事务合伙人权限与违约处理办法；执行事务合伙人的除名条件和更换程序；有限合伙人入伙、退伙的条件、程序以及相关责任；有限合伙人和普通合伙人相互转变程序。

（3）出资

《合伙企业法》允许普通合伙人以劳务出资，但依《合伙企业法》第六十四条的规定，有限合伙人不得以劳务出资。

（4）名称

有限合伙企业名称是有限合伙企业区别于其他企业的重要标志。依《合伙企业法》第六十二条的规定，有限合伙企业应当在其名称中标明"有限合伙"字样。

(三) 设立有限责任公司的条件

设立有限责任公司，应当符合下列条件：

1. 股东符合法定人数和法定资格条件

股东人数应为五十个以下（含五十），其中一名股东设立的有限责任公司为一人有限责任公司，国有资产监督管理机构代表政府出资设立国有独资公司。自然人、企业、部分事业单位或社会团体、工会组织均可以成为有限责任公司的股东，但有关法律法规禁止设立公司的自然人和法人不得成为公司的股东。

2. 有符合公司章程规定的全体股东认缴的出资额

认缴出资额是指企业的法定注册资本，注册资本是企业根据企业章程规定应缴的注册金。认缴出资额有实缴出资和应缴出资两个部分。对公司每一股东（发起人）认缴和实缴的出资额、出资时间、出资方式作为登记事项的不同理解，可能在具体的登记工作中产生很大差异。目前，最主要的理解有两种，一种是：登记的某一股东（出资人）认缴的出资额和出资时间应当是其各期认缴的出资额和出资时间，实缴的出资额和出资时间则应当是其已完成缴付的各期出资额和出资时间。另一种是：登记的某一股东认缴的出资额和出资时间应当是登记时其认缴的出资总额和缴纳全部认缴出资的最终时间，实缴的出资额和出资时间则应当是其登记时已缴付的出资总额和缴纳全部实缴出资的最终时间。有限责任公司的注册资本为在公司登记机关登记的全体股东认缴的出资额。全体股东认缴的出资额由股东按照公司章程的规定自公司成立之日起五年内缴足。

3. 股东共同制定公司章程

公司的章程是记载有关公司组织和行为基本规则的文件，章程应当由公司的全体股东来共同制定,股东应当在公司章程上签名、盖章。公司章程应当载明的事项为:(一)公司名称和住所;(二)公司经营范围;(三)公司注册资本;(四)股东的姓名或者名称;(五)股东的出资方式、出资额和出资时间;(六)公司的机构及其产生办法、职权、议事规则;(七)公司法定代表人;(八)股东会会议认为需要规定的其他事项。其中前七项是公司章程必须记载的事项,不记载或者记载违法者,章程无效。公司章程对公司、股东、董事、监事、高级管理人员具有约束力。

4. 有公司名称,建立符合有限公司要求的组织机构

设立有限责任公司必须有公司名称,并应当在其名称中标明有限责任公司或有限公司字样,然后在公司登记机关进行相应的登记。有限责任公司是通过公司的组织机构进行运作的,所以设立有限责任公司必须建立相应的符合有限责任公司要求的组织机构。有限责任公司的内部组织机构分为股东会、董事会和监事会等。其中,股东会由全体股东组成,是公司的权力机构;董事会对股东会负责;监事会成员为三人以上。监事会成员应当包括股东代表和适当比例的公司职工代表,其中职工代表的比例不得低于三分之一,具体比例由公司章程规定。监事会中的职工代表由公司职工通过职工代表大会、职工大会或者其他形式民主选举产生。股东人数较少或规模较少的有限责任公司可以不设董事会,只设一名董事,也可以不设监事会,设一名监事,经全体股东一致同意,也可以不设监事。

5. 有公司住所

公司住所,是指公司主要办事机构所在地。设立有限公司,必须有公司住所。经公司登记机关登记的公司的住所只能有一个,且公司的住所应当在其公司登记机关辖区内。

学习任务四　青少年创业中的责任承担问题

(一) 个人独资企业投资人对企业债务的责任

个人独资企业是依法在中国境内设立,由一个自然人投资,财产为投资人个人所有,投资人以其个人财产对企业债务承担无限责任的经营实体。那么个人独资企业投资人对企业债务的责任是如何承担的呢?

【案例5.2】蔡某2005年投资成立了一家五金厂,并在工商部门注册登记该厂为个

人独资企业。2012年以来，该五金厂多次将不锈钢制品抛光业务交由刘某承揽。截至2015年1月，五金厂共结欠刘某抛光加工款人民币49万元。刘某多次上门催讨，蔡某总是以各种借口搪塞，一直没有付还上述加工款。无奈之下，刘某于2016年3月向人民法院提起诉讼，请求判令五金厂付还加工款及逾期付款违约金，并要求蔡某对五金厂的上述债务承担补充清偿责任。在案件审理过程中，对于结欠加工款的事实蔡某没有异议，但他认为加工款是五金厂欠的，应该用五金厂的财产去清偿债务，个人不必承担责任。请问，蔡某对五金厂所拖欠的加工款是否有偿付的责任？

通过对个人独资企业概念的分析，可以明确个人独资企业的投资人对该企业的债务承担的是补充清偿责任，即个人独资企业在清偿债务的时候，先以企业的财产去承担责任，如果不足以清偿，则投资人应以其个人的其他财产去承担责任。有一些投资人在申请企业登记时明确以其家庭共有财产作为个人出资的，还应当依法以家庭共有财产对企业债务承担无限责任。在审判实践中，原告往往在起诉时就将个人独资企业的投资人列为共同被告要求判令其承担补充清偿责任。为了保护债权人的权益，节约诉讼资源，法院对原告这一诉讼请求是可以给予支持的。

案例5.2中，蔡某对结欠加工款的事实没有异议，但认为应该只用五金厂的财产来清偿债务。根据《个人独资企业法》的相关规定，当个人独资企业的财产不足以清偿债务时，投资人应当以其个人的其他财产予以清偿。这意味着，如果五金厂的财产不足以支付拖欠刘某的加工款，蔡某作为投资人需要承担补充清偿责任。

（二）合伙企业投资人对企业债务的责任

合伙企业债务对于合伙人来说都不是承担无限连带责任，而是根据合伙人的责任及合伙企业的类型来具体承担的。某个合伙人在承担了清偿责任后，能否向其他合伙人追偿？可以的话，该如何追偿？

合伙企业有不同的组织方式，包括普通合伙企业、特殊的普通合伙企业、有限合伙企业这三种，合伙人对于合伙企业的债务承担方式有以下几种情形：

1. 普通合伙人合伙企业债务的承担

普通合伙企业由普通合伙人组成，这就赋予了普通合伙企业具有人合性，因此合伙人对合伙企业债务承担无限连带责任。普通合伙人承担无限连带责任应以合伙企业财产承担责任为前提，即只有在合伙企业的财产不足以清偿合伙企业债务时，才由合伙人承担无限连带责任。

2. 有限合伙人对合伙企业债务的承担

有限合伙企业由普通合伙人和有限合伙人组成，普通合伙人对合伙企业债务承担无限连带责任，有限合伙人以其认缴的出资额为限对合伙企业债务承担责任。因为从"资合"性的特点出发，有限合伙人以其认缴的出资额为限对合伙企业承担责任。这有利于合伙企业进行融资，避免投资者因担心承担补充无限连带责任而对合伙企业望而却步。

3. 特殊的普通合伙中合伙人对合伙债务的承担

特殊的普通合伙企业是以专业知识和专门技能为客户提供有偿服务的专业服务机构，其执业的专业性及高风险性导致特殊责任的产生。一个合伙人或者数个合伙人在执业活动中因故意或者重大过失造成合伙企业债务的，应当承担无限责任或者无限连带责任，其他合伙人以其在合伙企业中的财产份额为限承担责任。合伙人在执业活动中非因故意或者重大过失造成的合伙企业债务以及合伙企业的其他债务，由全体合伙人承担无限连带责任。

4. 合伙人承担清偿责任后的追偿方式

根据《合伙企业法》和《民法典》的规定，合伙人对合伙企业的债务承担连带责任，清偿债务的合伙人可以向其他应当承担债务的合伙人追偿，合伙人具体的追偿方式，根据《合伙企业法》第三十三条规定：合伙企业的利润分配、亏损分担，按照合伙协议的约定办理；合伙协议未约定或者约定不明确的，由合伙人协商决定；协商不成的，由合伙人按照实缴出资比例分配、分担；无法确定出资比例的，由合伙人平均分配、分担。如果合伙合同约定了损益分配比例，则从约定；如果未约定损益分配比例，则按出资比例负担损失。

（三）有限责任公司投资人对企业债务的责任

有限责任公司属于独立的法人，具有法人资格，以自己独立的财产承担责任。公司股东是仅以出资为限来承担责任的，对公司债务不承担连带责任。除非股东存在滥用公司法人人格的情况，这种法律规定有公司法人人格否认制度，可以否认公司法人人格，要求股东承担责任。一般正常情形下，股东都是仅以出资为限承担有限责任的。但是如果股东利用公司有限责任进行以下行为，也会承担偿还责任。

第一，如果投资人出资不到位，相对债权人因纠纷而起诉公司时，出资人是否承担无限责任？公司首先应当以其资产承担民事责任，公司不能承担的，由公司股东在未缴纳范围内承担，实际上这时股东承担的是资本的充实义务。

第二，对于在公司停业或清算时，出资者尚未缴清其认缴的出资或股份的，公司的债权债务尚未清理完毕而公司被注销。这实际上是给债权人造成了损失，这时可以直接向股东追索。

第三，对于公司还未注销而股东作为清算主体又不尽清算责任时，应当否定公司的法人格，由股东承担对债权人的赔偿责任。

第四，对于欺诈或利用法人名义从事违法活动的，例如为逃避债务抽逃、转移、隐匿公司财产等明显违反公序良俗的行为，应当追究股东的责任。

学习任务五　青少年创业法律工作实务

（一）独资企业事务管理工作实务

投资人委托或聘用他人管理个人独资企业事务，应当与受托人或受聘人签订书面的委托合同或聘用合同，明确授权的范围。受托人或受聘人应当忠实地履行其职责，在授权范围内进行独资企业的事务管理，并不得有损害投资人利益的行为。受托人或受聘人代表企业对外进行活动的法律后果由独资企业承担。但受托人或受聘人因失职而导致企业财产、名誉损失的，需接受投资人的处罚并承担损失赔偿责任。此外，投资人对受托人或受聘人职权的限制，不得对抗善意第三人。

（二）合伙企业事务管理工作实务

合伙企业的日常事务管理，体现在合伙企业与合伙人以及第三人之间的关系方面。合伙企业与合伙人以及合伙人之间为合伙企业的内部关系，合伙企业和合伙人与第三人的关系为合伙企业的外部关系。

1. 合伙企业的内部关系

合伙企业的内部关系主要涉及合伙企业的事务执行、经营管理及损益分配等问题，以合伙人之间的权利和义务为体现，而合伙人之间的权利和义务又主要通过合伙协议加以规范。

（1）合伙事务的执行

合伙企业的人合性，决定了合伙企业一般没有严格的组织、领导和管理机构，因此，每个合伙人都享有合伙事务的执行权，均有权代表企业对外开展经营业务。但基于效率等原因考虑，如由众多的合伙人共同执行合伙事务则有诸多不便，允许合伙人通过合伙协议约定或经全体合伙人决定，把合伙企业的事务委托给一名或数名合伙人执行，或者进行专业分工，由各合伙人根据自己的专长分别执行。在合伙企业中受托执行合伙事务的合伙人被称为执行合伙人。执行合伙人对外代表合伙企业执行合伙事务，其他合伙人则不再执行。执行合伙人履行职责执行合伙企业事务所产生的收益归合伙企业，所产生的亏损及其他民事责任由全体合伙人承担。

（2）合伙事务的决策

合伙事务的决策权由全体合伙人共同行使。在合伙企业中，各合伙人的出资份额可能不一样，但依法都要对合伙企业债务承担无限连带责任，所以法律赋予每个合伙人享有平等的决策权，在对合伙事务做出决策时，每个合伙人无论出资多少，均有一个表决权。在决定合伙企业的重大事务时，必须经全体合伙人的一致同意，其他合伙事务，则实行少数服从多数原则。我国《合伙企业法》规定，合伙企业下列事项必须经全体合伙人同意：第一，改变合伙企业的名称；第二，改变合伙企业的经营范围、主要经营场所的地点；第三，处分合伙企业的不动产；第四，转让或者处分合伙企业的知识产权和其他财产权利；第五，以合伙企业名义为他人提供担保；第六，聘任合伙人以外的人担任合伙企业的经营管理人员。

（3）合伙事务的监督

为了保证合伙事务正常进行，防止个别合伙人利用执行合伙事务之机谋取私利，维护全体合伙人的共同利益，合伙企业法将内部监督的权利赋予了各合伙人。合伙人的监督权主要包括：每个合伙人都有权了解、查询合伙企业经营的各种情况，检查其他合伙人的事务执行情况，查阅财务账目，并提出质询，其他合伙人有义务接受，不得拒绝。

（4）合伙利润与亏损的分配

在合伙企业中，每个合伙人均有权分享合伙企业的利润，而无论其出资种类和数额有何差别。合伙企业的利润分配、亏损分担，按照合伙协议的约定办理；合伙协议未约定或者约定不明确的，由合伙人协商决定；协商不成的，由合伙人按照实缴出资比例分配、分担；无法确定出资比例的，由合伙人平均分配、分担。合伙协议不得约定将全部利润分配给部分合伙人或者由部分合伙人承担全部亏损。此外，合伙人为处理合伙企业的正常事务或维持企业的正常经营而支出的个人费用或者因此而受到的个人财产损失，合伙企业和其他合伙人应予以补偿。

2. 合伙企业的外部关系

无论合伙企业的内部关系如何，合伙企业对外以一个整体与第三人发生法律关系，正确处理合伙企业与第三人之间的关系，有利于保护善意第三人的利益。各合伙企业的对外关系体现出以下几个方面的特点：

第一，每个合伙人在执行合伙事务过程中所做出的行为，对合伙企业与其他合伙人都具有约束力。

第二，合伙企业内部对合伙人执行合伙事务及其对外代表权可以进行限制，但不得以此对抗善意第三人。例如，在第三人不知情的状况下，非执行合伙人越权代表合伙企业与第三人进行某项交易时，其他合伙人及执行合伙人不得以行为人越权而主张交易无效。

第三，合伙人在从事正常合伙事务过程中所做出的侵权行为，由合伙企业承担责任。

第四，合伙人之间对第三人负连带责任。合伙企业的债务，应首先以合伙企业的财产清偿，但当合伙企业的财产不足以清偿到期债务时，债权人可越过合伙企业直接向任何一个合伙人或全体合伙人请求清偿，合伙人对此请求不能拒绝，而只能在清偿了全部债务后再向其他合伙人追偿。

第五，合伙人向第三人转让其在合伙企业的投资份额受到法律限制。每一合伙人未经全体合伙人同意，不得将自己在合伙企业中的投资份额全部或部分转让给第三人。在相同条件下，第三人不得优于其他合伙人而取得合伙企业中的份额。

(三) 公司企业事务管理工作实务

公司的主要组织机构为"三会加一层"，即股东会、董事会、监事会和经理层。

1. 股东会

股东会是由公司全体股东组成的公司最高权力机构，公司的一切重大事项必须由股东会做出决议。

股东会分为年会和特别会议两种。股东年会，是依照法律或公司章程的规定，由董事会召集，定期召开的股东会会议，因此也被称为定期会议，一般是一年一次。股东特别会议，又称股东临时会议，是指在法定年会之外为处理公司特别重要紧急事项而召开的股东会会议，如临时任命或撤换董事、变更公司章程等。特别会议一般在董事会或监事会认为必要时或拥有法定比例以上股份的股东请求时召开。

通常股东会的职权是就公司重大问题听取报告和做出决议，主要包括：任免董事、监事的人事权；重大经营决策的审议通过权；预算决算和利润分配的财务决策权；等等。此外，还可对涉及公司存在和消灭或重大变更的增、减资本，公司合并、分立、解散和清算以及修改公司章程做出特别决议。

2. 董事会

董事会是公司的执行机构和业务管理机构，对内负责公司的经营管理，对外代表公司，是公司中最为重要的一个机构。

董事会由董事组成，董事由股东会选举产生后，再从中选举董事长和副董事长。董事是拥有实际权力与权威、能代表公司进行管理的人。

我国《公司法》列举了不得担任董事的情况，包括：第一，无民事行为能力或者限制民事行为能力；第二，因贪污、贿赂、侵占财产、挪用财产或者破坏社会主义市场经济秩序，被判处刑罚，或者因犯罪被剥夺政治权利，执行期满未逾五年，被宣告缓刑的，自缓刑考验期满之日起未逾二年；第三，担任破产清算的公司、企业的董事或者厂长、经理，对该公司、企业的破产负有个人责任的，自该公司、企业破产清算完结之日起未逾三年；第四，担任因违法被吊销营业执照、责令关闭的公司、企业的法定代表人，并负有个人责任的，自该公司、企业被吊销营业执照、责令关闭之日起未逾三年；第五，个人因所负数额较大债务到期未清偿被人民法院列为失信被执行人。

董事对公司的事务管理拥有最高的决策权，其与公司有关的行为直接关系到公司、股东及第三人的利益。因此，在赋予董事广泛权力的同时，规定了董事对公司的责任。主要可归纳为两项，即董事应对公司负最大善意的"注意义务"和"忠实义务"，董事在管理公司的事务时，应当勤勉、谨慎行事，并以自己的技能为股东和公司谋求最大利益。具体而言，董事不能使自己的利益与对公司的责任发生冲突，不能从事与公司相竞争的业务，不能将公司的财产据为己有或者不当借贷给股东或他人，不能接受贿赂或篡夺公司的营业机会等。需要指出的是，董事的上述义务也适用于其他对公司有经营管理职责的人员，如公司的监事、经理等高级管理人员以及合伙企业的合伙人等。当董事违反上述各项职责时，应承担相应的经济责任和刑事责任。

3. 监事会

监事会由股东会选举产生，是对董事会、董事及其他公司高级管理人员的活动进行监督的专门机构。监事会成员一般为3人以上，由股东会选任，公司的董事、经理和财务负责人不得兼任监事；监事的任期一般为3年，可连选连任。监事可列席董事会会议。监事的义务与董事、经理基本相同。有限责任公司可以按照公司章程的规定，在董事会中设置由董事组成的审计委员会负责对公司财务、会计进行监督，并行使公司章程规定的其他职权，在董事会中设审计委员会的有限责任公司，可以不设监事会或者监事。

4. 经理与执行委员会

经理是由董事会聘任的负责公司日常工作的高级职员，对董事会负责，辅助董事会管理公司事务。此外，规模大的公司还可以设立数个执行委员会（部门）来负责公司各个方面的事务。这些部门的领导大多由董事会聘任，董事也可兼任包括总经理在内的上述各种职务。经理拥有公司章程赋予的辅助执行事务的一切相关权利，同时与董事一样对公司负有注意和忠实等义务。

（四）税务事务工作实务

青少年创业者应当尽可能地了解税法知识和相关税收政策，提高税收意识、依法诚信纳税。

1. 税收的种类

流转税和所得税是两个基本税种。流转税主要包括增值税和营业税。所得税主要包括企业所得税和个人所得税。

2. 税收优惠政策

除税法的规定外，国家和地方还制定了一些税收优惠政策，例如：特殊商品（粮食、食用植物油、煤气、沼气、居民用煤制品、图书、报纸、杂志、饲料、农药、化肥、农机、农膜等）增值税率为13%；老、少、边、穷地区企业、高新技术企业可以根据情况减免税收；下岗失业人员从事个体经营、合伙经营和组织起来就业的，或者企业吸纳下岗失业人员和安置富余人员的，可以根据情况减免税收。

税收优惠措施具有很强的政策性、时效性，不同时间、不同地区具体的优惠政策不同，青少年创业者应当通过咨询税务师等专业人士来了解和享受优惠，降低创业成本。

（五）保险事务管理工作实务

1. 社会保障属于强制保险

国家的社会保险法规要求企业和职工都要参加社会保险，按时足额缴纳社会保险费，使员工在年老、生病、因公伤残、失业、生育的情况下得到补偿或基本的保障。创业企业为职工办理社会保险是强制性的。

如果用人单位和劳动者协商一致不予办理社会保险，是否有效？答案是"无效"。因为《劳动合同法》调整的是劳动法律关系，不是民事法律关系，不以双方当事人协商一致为基础，即约定不能排除法定。

2. 商业保险属于非强制保险

经营一个企业总会有风险。不同的企业，风险有所不同。企业为了降低风险，可以自愿投保商业保险。这样，一旦发生了问题，员工和企业的利益可以得到一定的经济保障。

企业的商业保险通常包括资产保险和人身保险两大类。企业最大的风险是员工的损失。如果创业企业从事的是高危行业，则青少年创业者要注意为其员工购买人身意外伤害保险。

值得一提的是，为了确保其员工在工作中遭受意外或患职业病时能够获得适当的健康和安全保障，企业会购买雇主责任险。在我国，雇主责任险不是强制保险，而是一种商业团体意外保险，主要为了补偿职工意外风险带来的经济损失。但考虑到员工在工作中可能面临的风险，建议青年创业者根据实际情况选择购买此类保险以提供保障。

（六）租赁经营场地工作实务

1. 调查店面的档案

租赁店面之前，需要到该店面所在地的房地产交易中心查询产权登记情况，要确认：第一，确认房屋类型。房屋的类型为商业用房性质、土地用途是非住宅性质才可以作为商铺使用。否则，将面临无法办出营业执照以及非法使用房屋的风险。第二，确认产权人。这样可以确保不是租赁其他第三人的房屋，如果签订的房屋租赁合同不是和产权人签署的，就产生了效力待定的问题，需要得到产权人的追认才有效。第三，该房屋有没有租赁登记信息。若已有租赁登记信息，可能新租赁合同无法办理登记手续，从而导致新承租人的租赁关系无法对抗第三人，也会影响到新承租人顺利办理营业执照。

2. 免租期条款

商铺租赁中，免租期条款经常会出现在合同之中，主要是由于承租人接收房屋后需要进行装修，无法办公、营业，此种情况下，出租人同意不收取承租人装修期间的租金。在签订租赁合同时一定要明确约定免租装修的起止时间，免除支付的具体费用，一般情形下，在"免租期"期间只会免除租金，实际使用房屋产生的水电费、物业管理费等还需按合同约定来承担。由于"免租期"条款不是租赁合同的必要条款，所以，建议青年创业者在租房时主动与出租人约定免租期条款。

3. 租赁保证金

租赁保证金，俗称"押金"，主要用于抵充承租人应承担但尚未缴付的费用。青少年创业者不能想当然地认为"押金"就是"定金"。定金，是指合同双方当事人约定的，为保证合同的履行，由一方预先向对方给付的一定数量的货币。定金的数额由当事人约定，但不得超过主合同标的额的20%。定金会产生定金罚则的法律后果。与此不同，押金不适用双倍罚则。

4. 租金价格是否含税及税费承担

按照法律法规、规章及其他规范性文件规定，出租商铺的，出租人应当承担以下税费：第一，营业税及附加；第二，房产税；第三，个人所得税；第四，印花税；第五，土地使用税。按房屋地段每平方米征收，具体税率以代征机关实际征收为准。上述标准是法定征收标准，不同区域可能有不同的征收方法，青少年创业者具体可在签订商铺租赁合同前咨询实际代征网点工作人员。

虽然法律规定上述税费的缴纳主体为出租人，但租赁合同中可以约定这些税费由谁承担。注意约定租金价格是否含税，这样可以避免承租人向出租人索要发票时发生争议。

5. 营业执照与租赁合同的联系

租商铺的目的在于开展商业经营活动，而商业经营活动首要条件就是必须合法取得营业执照。在签订商铺租赁合同时，许多条款都要围绕营业执照的办理来设置，主要涉及以下几个问题：第一，原有租赁登记信息没有注销，新租赁合同不能办理租赁登记，导致无法及时办理营业执照；第二，商铺上原本已经注册的营业执照，而该营业登记信息没有注销或者迁移，导致在同一个商铺上无法再次注册新的营业执照；第三，房屋类型不是商业用房，无法进行商业经营活动，导致无法注册营业执照；第四，涉及特种营业行业（娱乐、餐饮）的，还需要经过公安、消防、卫生、环境等部门检查合格，取得治安许可证、卫生许可证等证件后，方可取得营业执照；第五，因出租人材料缺失而导致无法注册营业执照。对于上述第一、二、三、五项情形，可在合同中设定为出租人义务,给予出租人合理宽限期,超过一定期限还无法解除妨碍的,应当承担相应的违约责任;上述第四项情形,可设定为无责任解约情形,以保障承租人万一无办法办理营业执照时可以无责任解除合同。

6. 装修的处理

商铺租赁中,往往需要花费大额资金用于铺面装修,为了确保装修期能顺利进行,以及保障装修利益,青少年创业者在商铺租赁合同中应当注意:第一,明确约定出租人是否同意承租人对商铺进行装修,以及装修图纸或方案是否需要取得出租人同意等,若有特别的改建、搭建的,应当明确约定清楚。另外,对于广告、店招位置等内容,也建议约定清楚。第二,解除合同的违约责任,不能仅考虑违约金部分。因为违约金常常会约定等同于押金,数额不高,往往不及承租人的装修损失。因此建议青少年创业者与出租人约定在此情况下,除承担违约金外,出租人还需要承担承租人所遭受的装修损失费用。第三,明确租赁期满时,固定装修和可移动装修的归属和处置方式。

7. 水、电、电话线、停车场等基础设施配套对租赁的影响

商业经营对于水电、电话线、停车场等可能存在特殊需要,这些公共资源的供应又会受到各种因素影响。承租商铺前,应当先行考察是否满足使用需求,若不满足的,确定由出租人还是承租人办理或扩容或增量,以及办理或增量所需费用的承担。建议青少年创业者与出租人在租赁合同中明确约定相关内容,并约定在无法满足正常运营需求的情形下,承租人有免责解除合同的权利。

8. 租赁合同登记备案

租赁登记要注意的问题:第一,登记与否不影响合同本身的生效,即使没有办理备案登记,合同依然在生效条件满足时就生效;第二,经登记的租赁,具有对抗第三人的法律效力。比如,若出租人将房屋出租给两个承租人的,其中一个合同办理了租赁登记,另一个没有办理租赁登记,则房屋应当租赁给办理租赁登记的承租人,出租人应向没有办理租赁登记的承租人承担违约责任。建议及时赴商铺所在地租赁管理部门办理租赁备案登记。大多数工商部门在办理营业执照时,均要求租赁合同经过租赁备案登记。

9. 转租问题

商铺租赁市场中经常会遇到许多"二房东、三房东",这就是转租问题。要注意:第一,转租必须取得出租人书面同意,即产权人的书面同意。否则,产权人完全可以解除其与承租人的租赁合同。第二,有的承租人向次承租人主张一笔转让费,名义可

以是补偿装修损失等，此笔费用不属于次承租人应承担的法定费用，但法律亦没有禁止，因此，只要双方当时协商同意，就会受到法律保护。

10. 买卖与租赁的关系

有些青少年创业者担心在承租商铺之后业主会将商铺出售。其实，完全无须担心此种风险。法律对于承租人赋予了两重特殊保护：①出租人在出售商铺前，必须在合理期限内通知承租人，承租人享有同等条件下的优先购买权，这是法定权利。即承租人愿意以同等价格购买的，则业主必须将该商铺出售给承租人，以此保障了承租人的使用利益。②即使承租人不想购买承租商铺，业主出售后，新的业主也应当继续履行原租赁合同。否则，新业主应当承担原租赁合同的违约责任，这就是民法中"买卖不破租赁"的规则。

市场监督管理局、教育部门、公安部门、消防部门、食品卫生部门等。

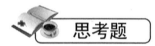

☐ 请思考如何按照投资者承受风险的不同设立不同组织形式的企业。

☐ 请思考如何设立个人独资企业。

☐ 请思考如何设立合伙企业。

☐ 请思考如何设立有限责任公司。

请根据所学内容针对不同青年的投资需求和风险承受能力设计一份企业设立流程。

《公司法》第三条　公司是企业法人，有独立的法人财产，享有法人财产权。公司以其全部财产对公司的债务承担责任。公司的合法权益受法律保护，不受侵犯。

《公司法》第十九条　公司从事经营活动，应当遵守法律法规，遵守社会公德、商业道德，诚实守信，接受政府和社会公众的监督。

《公司法》第二十条　公司从事经营活动，应当充分考虑公司职工、消费者等利益相关者的利益以及生态环境保护等社会公共利益，承担社会责任。国家鼓励公司参与社会公益活动，公布社会责任报告。

《合伙企业法》第六条　合伙企业的生产经营所得和其他所得，按照国家有关税收规定，由合伙人分别缴纳所得税。

《合伙企业法》第七条　合伙企业及其合伙人必须遵守法律、行政法规，遵守社会公德、商业道德，承担社会责任。

学习模块六

青少年创业工作中的劳动法律工作实务

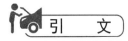 引　文

  2022年5月，依据党和国家有关政策法规，按照经济社会发展的总体目标和要求，结合我国高校毕业生就业创业的实际情况，为做好当前和今后一段时期高校毕业生等青年就业创业工作，国务院办公厅印发了《关于进一步做好高校毕业生等青年就业创业工作的通知》，要求各地区各部门结合实际认真贯彻落实。通知中明确指出：落实"大众创业、万众创新"相关政策，深化高校创新创业教育改革，健全教育体系和培养机制，汇集优质创新创业培训资源，对高校毕业生开展针对性培训，按规定给予职业培训补贴。支持高校毕业生自主创业，按规定给予一次性创业补贴、创业担保贷款及贴息、税费减免等政策，政府投资开发的创业载体要安排30%左右的场地免费向高校毕业生创业者提供。支持高校毕业生发挥专业所长从事灵活就业，对毕业年度和离校2年内未就业高校毕业生实现灵活就业的，按规定给予社会保险补贴。

学习目标

  知识目标：掌握青少年创业工作中的劳动法律基础知识，知道劳动权益的含义、创业者的种类、创业中的劳动基准问题。熟悉劳动法律法规和政策，知道青少年创业者招聘劳动者的条件、工作时长、工作地点和工作量、社会保险缴纳等问题。

  能力目标：能够针对创业过程中遇到的劳动法律问题进行分析，提出合理的解决方案，并能够有效执行。能够确保劳动用工行为符合法律法规的要求，避免违法用工和劳动争议发生的能力。在处理劳动关系和劳动争议时，能够与员工、工会、劳动监察部门等进行有效沟通，协调解决各种劳动法律问题。

素养目标： 创业者应当具有法律意识与合规意识，培养青少年创业者具备强烈的法律意识和合规意识，自觉遵守劳动法律法规，维护企业的法律形象和信誉。在处理劳动法律问题时，能够以公正的态度对待每一位员工，承担起企业应尽的法律责任和社会责任。

请谈谈创业帮扶工作的重点和难点都有哪些方面？

学习任务一　青少年创业工作中的劳动法律问题概述

针对青少年创业工作，我国的政策主要围绕"大学生创业"来进行，从2003年国家工商总局（现国家市场监督管理总局）出台大学生创业的优惠政策以来，各级政府每年都出台一些针对大学生创业的优惠政策。致力于培养青年树立"想创业、敢创业、去创业"的理念，持续进行创客教育，为青少年创业实践提供系统指导；引入创投机构，为青少年创业项目提供资金支持；引入创客空间，为青年项目孵化提供全面帮扶；不断帮助青年创客培养创业意识，增强创业能力，提升创业成功率，为广大青年的创新创业做出积极的贡献，从而把青年"双创"工作推向更大范围、更高层次，进一步营造融合、协同、共享的"双创"环境与氛围，激发广大青年投身创新创业实践的动力和热情。

创业涉及的法律问题是多元的，更是复杂的，对于创业者而言，最重要的是认识到这些问题，以免由于早期的法律知识缺乏而给新企业带来沉重的打击，甚至夭折。创业者在创建和经营企业过程中，必须了解和遵守有关法律法规，以确保自身和他人的利益没有受到非法侵害。与创业有关的法律问题大致有知识产权（专利、商标、著作权）、反不正当竞争法、产品质量法、消费者权益保护法、劳动合同法等方面。本章主要讲述与创业相关的劳动权益问题。创业者（劳动法中的用人单位）在招聘员工、管理员工、辞退员工时既要维护创业者自身利益，更要保护员工的权益，承担应负的社会责任。

学习任务二　劳动权益概述

劳动权益，是指由劳动法律法规所规定或肯定的，由劳动权利和劳动义务所共同体现和保障的，并由劳动法主体最终享有的利益。

(一) 用人单位的劳动权益

1. 用人单位的劳动权利

(1) 依法建立和完善规章制度的权利

依法建立和完善规章制度的权利源于用人单位享有的生产指挥权，既然用人单位享有生产指挥权，所有用人单位有权根据本单位的实际情况，在符合国家法律法规的前提下制定各项规章制度，要求劳动者遵守。

(2) 根据实际情况制定合理劳动定额的权利

用人单位帮劳动者签订劳动合同后，就获得了一定范围劳动者的劳动使用权，并有权根据实际情况给劳动者制定合理的劳动定额。对于用人单位规定的合理的劳动定额，在没有出现特殊情况时，劳动者应当予以完成。

(3) 对劳动者进行职业技能考核的权利

用人单位有权对劳动者进行职业技能考核，并根据劳动者劳动技能的考核结果安排其适合的工作岗位和奖金薪酬。

(4) 制定劳动安全操作规程的权利

用人单位有权利根据《劳动法》中的劳动安全卫生标准，制定本单位的劳动保护制度，要求劳动者在劳动过程中必须严格遵守操作规程。

(5) 制定合法作息时间的权利

用人单位享有根据本单位具体情况和对员工工作时间的要求，合法安排劳动者作息时间的权利。

(6) 制定劳动纪律和职业道德标准的权利

为了保证劳动得以正常有序进行，用人单位有权制定劳动纪律和职业道德标准。其中，"劳动纪律"是用人单位制定的劳动者在劳动过程中必须遵守的规章制度。这是组织社会劳动的基础和必要条件。而"职业道德"是劳动者在劳动实践中形成的共同的行为准则，也是劳动者的职业要求。当然，制定劳动纪律和职业道德标准必须符合法律规范。

(7) 其他权利

其他权利包括提请劳动争议处理的权利、平等签订劳动合同的权利等。

【案例6.1】某某公司与被告王某某自2008年4月7日起建立劳动关系，王某某在某某公司从事保安工作。2020年1月6日早7点左右，王某某以父亲病危为由，临时提出1月6日至13日请事假，并将请假申请单交给保安队长李某，要求李某转交，并称会自行联系小区经理吴某，随后即乘车回老家。当天中午，王某某电话通知物业管理处此次请假事宜，吴某将请假单拍照上传至公司微信群，但未获审批通过。王某某得知请假未获批准后，原本1月7日已经在赶回单位的路上，因途中接到父亲去世电话又返回老家，于1月14日下午回到上海，15日开始上班。事后，某某公司认为，公司考勤等规章制度依法制定，且当初向王某某公示，组织王某某学习，王某某已签字确认，知晓并应当严格遵守。根据公司考勤管理细则，员工请事假连续三天以上（含三天）需由集团公司总裁（总经理）审批。累计旷工三天以上（含三天）者，视为严重违反公司规章制度和劳动纪律，公司有权辞退，提前解除劳动合同并依法不予支付经济补偿。2020年1月6日至14日期间，王某某未经批准擅自请假，共缺勤6个工作日，即使给足3天丧假，累计旷工也达到3个工作日。王某某在明知单位考勤审批制度，明知此次请事假在事先和事后均未按规定获得审批同意的情况下，仍故意旷工，其情节已达到被辞退的标准。因此某某公司提出解除与王某某的劳动合同。请问：某某公司这样处理有何问题？用人单位应该如何行使管理权？[①]

在用人单位行使管理权时应当尤其注意合理且善意。案例6.1中，劳动者王某某因直系亲属病危提交请假手续，在用人单位审批期间，该直系亲属病故，劳动者王某某径行返家处理后事，用人单位因此以旷工为由主张解除劳动合同，属于违法解除劳动合同，也不符合社会伦理。

2. 用人单位的劳动义务

用人单位的劳动义务包括：订立书面劳动合同；支付劳动报酬；提供生产、工作条件；支付各种社会保险、福利待遇；建立健全各种规章制度；对劳动者进行培训等。

（二）劳动者的劳动权益

1. 劳动者的劳动权利

劳动者有平等就业的权利；劳动者有选择职业的权利；劳动者有取得劳动报酬的权利；劳动者有权获得劳动安全卫生保护的权利。

平等就业的权利。《劳动法》规定，凡具有劳动能力的公民，都有平等就业的权

[①] 《最高人民法院公报》2023年第4期。

利,即劳动者拥有劳动就业权。劳动就业权是有劳动能力并且有劳动愿景的劳动者依法从事有劳动报酬或经营收入的劳动的权利。公民的劳动就业权是公民享有其他各项权利的基础。如果公民的劳动就业权不能实现,其他一切权利也就没有了基础。

选择职业的权利。《劳动法》规定,劳动者有权根据自己的意愿、自身的素质、能力、志趣和爱好,以及市场信息等选择适合自己才能、爱好的职业,即劳动者拥有自由选择职业的权利。选择职业的权利有利于劳动者充分发挥自己的特长,促进社会生产力的发展。这既是劳动者劳动权利的体现,也是社会进步的一个标志。

取得劳动薪酬的权利。《劳动法》规定,劳动者有权依照劳动合同及国家有关法律取得劳动薪酬。获取劳动薪酬的权利是劳动者持续行使劳动权不可少的物质保证。

获得劳动安全卫生保护的权利。《劳动法》规定,劳动者有获得劳动安全卫生保护的权利。这是对劳动者在劳动中的生命安全和身体健康,以及享受劳动权利的最直接的保护。

享有休息的权利。我国《宪法》规定,劳动者有休息的权利。为此,国家规定了职工的工作时间和休假制度,并发展劳动者休息和休养的设施。

享有社会保险和福利的权利。为了给劳动者患疾病时和年老时提供保障,我国《劳动法》规定,劳动者享有社会保险和福利的权利,即劳动者享有包括养老保险、医疗保险、工伤保险、失业保险、生育保险等在内的劳动保险和福利。社会保险和福利是劳动力再生产的一种客观需要。

接受职业技能培训的权利。我国《宪法》规定,公民有受教育的权利和义务。所谓受教育既包括受普通教育也包括受职业教育。接受职业技能培训的权利是劳动者实现劳动权的基础条件,因为劳动者要实现自己的劳动权,必须拥有一定的职业技能,而要获得这些职业技能,就必须获得专门的职业培训。

提请劳动争议处理的权利。《劳动法》规定,当劳动者与用人单位发生劳动争议时,劳动者享有提请劳动争议处理的权利,即劳动者享有依法向劳动争议调解委员会、劳动仲裁委员会和法院申请调解、仲裁、提起诉讼的权利。其中,劳动争议调解委员会由用人单位、工会和职工代表组成,劳动仲裁委员会由劳动行政部门的代表、同级工会、用人单位代表组成。

法律规定的其他权利。法律规定的其他权利包括依法规定的其他权利。法律规定的其他权利包括:依法参加和组织工会的权利,依法享有参与民主管理的权利,劳动者依法享有参加社会义务劳动的权利,从事科学研究、技术革新、发明创造的权利,依法解除劳动合同的权利，对用人单位管理人员违章指挥、强令冒险作业有拒绝执行的权利，对危害生命安全和身体健康的行为有权提出批评、举报和控告的权利，对违反《劳动法》的行为进行监督的权利等。

2. 劳动者的劳动义务

劳动者应当完成劳动任务，提高职业技能，执行劳动安全卫生规程，遵守劳动纪律和职业道德等。

学习任务三　创业前期劳动法律问题

（一）创业者（用人单位）的种类

创业者在招录员工时，应当与员工签订劳动合同还是劳务合同？用工协议还是雇佣合同？实习协议还是服务协议？这些形形色色的合同种类直接关系到创业者的劳动权利、义务和责任。

按照《劳动合同法》第二条的规定，在中华人民共和国境内的企业、个体经济组织、民办非企业单位等组织均是劳动法律中的用人单位。青少年创业多采用设立个人独资企业、合伙企业、个体经济组织、民办非企业单位等形式。

个人独资企业和合伙企业的设立等问题另有专章论述，此处不再赘述。

个体经济组织包括批发零售类、餐饮企业类、居民服务类、小作坊等形式；民办非企业单位包括教育行业，如民办幼儿园，民办小学、中学、学校、学院、大学，民办专修（进修）学院或学校，民办培训（补习）学校或中心等；卫生行业，如民办门诊部（所）、医院、康复、保健、卫生、疗养院等；文化行业，如民办艺术表演团体、文化馆（活动中心）、图书馆（室）、博物馆（院）、美术馆、画院、名人纪念馆、收藏馆、艺术研究所等；科技行业，如民办科学研究院（所、中心），科技传播或普及中心、科技服务中心、技术评估所（中心）等；体育行业，如民办体育俱乐部、体育场、馆、院、社、学校等；劳动行业，如民办职业培训学校或中心、职业介绍所等；民政行业，如民办福利院、敬老院、托老所、老年公寓、婚姻介绍所等；社会中介服务业，如民办评估咨询服务中心（所）、信息咨询调查中心（所）、人才交流中心等；法律服务业及其他：律师事务所、会计师事务所、审计师、税务等。创业者选择以上形式之一，均属于劳动法律规范中的用人单位，享有相应的劳动权利义务与责任。

(二) 创业前期招录劳动者的法律问题

创业前期在招录劳动者的过程中，应当如实和劳动者说明企业的情况，劳动者应聘岗位的职责、主要工作内容，工资、工作时间等，此外重要的是要核实劳动者提交的各项资料的真实性。

在对劳动者进行背景调查的过程中，主要是调查以下内容：查验年龄，以免录用童工（年龄在16周岁以下的均为法律上的童工，一旦雇用，用人单位需承担行政罚款的法律责任）；查验学历、经历的真伪，避免受欺诈；查验社保缴纳情况，避免录用在职职工；查验健康状况、职业病情况，避免增加隐形成本；查验是否有竞业限制，避免承担连带责任等。

【案例6.2】周某于2017年3月1日入职某幼儿园，双方签订聘用合同，约定周某从事幼儿教师岗位工作，合同第16条内载："乙方（即周某）提供给甲方（即幼儿园）的一切相关证照，如有隐瞒或者被甲方上层领导部门检查后发现不符合国家相关规定的文件及证照，甲方有权马上解职停止聘用。"2022年1月6日，幼儿园园长在微信群中发布消息："各位老师，教育局成立师德师风专项检查组，需要检查我园在册教师的网上认证的教师证和学历证明。教师证认证网址……请大家登录网站查到教师资格证信息后截屏私信我，学历证明可以下载手机App学信网，查到学历证明一同私信我，不交者视为证件无效，我会如实上报。截至日期：1月7日。截屏如下图……"；2022年1月17日、3月5日，幼儿园园长在微信群中发送消息催要相关文件，并明确说明无法提供或一再拖延不交者一律视为证件无效并由人事部配合国家《劳动法》、伪造证书及我园员工手册规定进行处理，同时@周某。2022年3月9日，幼儿园开具介绍信，向湖南××大学查询周某学历真实性问题。2022年3月10日，湖南××大学档案馆出具关于周某学历查询情况的说明，内载："某幼儿园：经查询馆藏档案，未查询到周某相关学历记录。"

2022年6月27日，幼儿园通过微信形式向周某发送《理事会通知书》，该通知书内载："你于2017年3月1日入职某幼儿园，岗位为幼儿教师。入职时你提交了湖南××大学学历证书，专业为学前教育，三年（2000年9月至2003年6月）专科。证书编号为No.00840589，学校编号：20030649。我园作为用人单位，于2022年年初对包括你在内的所有员工的学历进行核实，要求所有教职员工提交学历证明资料，但你至今未能提交任何学历证明资料。我园不但通过学信网，也通过湖南省、岳阳、湘潭、东莞长安、上海等相关不同的教育部门求证。最后为求真实性，也直接发函至湖南××大学档案馆进行查询，结果该校书面回复我园，告知湖南××大学档案资料中根本就没有你获得上述学历的相关资料。至此我园从各方面深入调查之后，方知你入职时所持学历证书为虚假证书……你的行为严重违反我国教育、教师资格证管理和《劳动法》第18条、《刑法》第280条，也是属于我园《员工手册》'视为严重违反学校员工手册'1.2.3的行为。对这种欺诈行为我们绝不姑息！基于此，我园决定：解除学校与周某的劳动合同并予以开除！开除决定即日生效……"

2022年8月3日，周某向上海市闵行区劳动人事争议仲裁委员会申请仲裁，仲裁委员会裁决幼儿园合同解除合法有效。周某不服，诉至法院，法院维持了仲裁委员会的裁决[①]。

案例6.2中，幼儿园以周某入职时提供的湖南××大学的专科学历毕业证书经查为虚假证书为由，对周某做出了解除劳动合同的决定，并不违反法律规定。且幼儿园亦已提供其作出解除决定之前履行了通知工会之法定义务的相关证据。因此，周某要求幼儿园支付其违法解除劳动合同的赔偿金之请求，法院不予支持。

（三）创业中的劳动基准问题

员工是企业生存与发展不可或缺的部分，是企业发展的基石和永动机。企业经营者必须重视劳动者权利，善待劳动者，正确行使权利履行义务，为劳动者提供安全、良好的劳动条件和完善的社会保障，从而保证劳动者的合法权益；经营者还应当妥善周密考虑员工的职业发展前景，从而提升员工的忠诚度，为企业创造更大价值！

劳动基准，即法定最低劳动标准，是指国家以强制性规范规定的关于工资、工时、休息休假、劳动安全卫生、女职工和未成年工特殊保护等方面的最低劳动标准，在全国范围内为劳动者权益划定一条不可逾越的底线（下限），以限制劳动关系双方的契约自由，保障劳动者应当享有的最低程度的劳动权益的一项法律制度。主要内容包括：工作时间制度；最低工资制度；休息休假制度；劳动安全卫生制度；女职工和未成年工特殊劳动保护制度[②]。

---

① 参见上海市闵行区人民法院（2023）沪0112民初1615号判决书，2023年5月5日。网址：https://wenshu.court.gov.cn/website/wenshu/181107ANFZ0BXSK4/index.html? docId = pL2llrin25YWXSSr + 9WZAQ9udUyJFHyTM0iF2dgxN88rdy2j/g9EwZO3qNaLMqsJNu8K4GyS6DtQiD6E1ZzmmDnQ3gLYBAQtpNe6ELRpJ6RKrkp+CWlsEN4Csjle01Yf。

② 百度百科：《劳动基准》，2019年7月14日。网址：https://baike.baidu.com/item/

1. 工作时间制度——非全日制用工

工作时间制度就是工时制度，我国主要有五种工时，分别是标准工时制、综合计算工作时间工时制、不定时工作工时制、计件工作工时制、非全日制工作工时制度。不论何种工作时间制度，用人单位均应当保证劳动者每周至少休息一日。

标准工时制就是劳动者每日工作时间不超过 8 小时、平均每周工作时间不超过 44 小时的工时制度。这种制度就是日常所见的"朝九晚五"的工作时间制度。

综合计算工作时间工时制是针对工作性质特殊、需连续作业或受季节及自然条件限制的企业的部分职工，所采用的以周、月、季、年等为周期综合计算工作时间的一种工时制度。其平均日工作时间和平均周工作时间与法定标准工作时间基本相同。主要包括交通、铁路、邮电、水运、航空、渔业等行业中因工作性质特殊，需连续作业的职工；地质及资源勘探、建筑、制盐、制糖、旅游等受季节和自然条件限制的行业的职工；其他适合实行综合计算工时工作制的职工。

综合工时制中工时的计算方法：

年工作日：365 天/年 - 104 天/年（休息日）- 11 天/年（法定休假日）= 250 天/年。季工作日：250 天/年 ÷ 4 季 = 62.5 天。月工作日：250 天/年 ÷ 12 月 = 20.83 天。工作小时数的计算：以月、季、年的工作日乘以每日的 8 小时。

不定时工作工时制，是指因生产特点、工作特殊需要或职责范围，无法按标准工作时间衡量、需机动作业而采取不确定工作时间的一种工时制度。对符合下列条件之一的职工，可以实行不定时工作制：企业中的高级管理人员、外勤人员、推销人员、部分值班人员和其他因工作无法按标准工作时间衡量的职工；企业中的长途运输人员、出租汽车司机和铁路、港口、仓库的部分装卸人员以及因工作性质特殊，需机动作业的职工；其他因生产特点、工作特殊需要或职责范围的关系，适合实行不定时工作制的职工。

对于实行不定时工作制和综合计算工时工作制等其他工作和休息办法的职工，企业应根据《劳动法》第一章、第四章有关规定，在保障职工身体健康并充分听取职工意见的基础上，采用集中工作、集中休息、轮休调休、弹性工作时间等适当方式，确保职工的休息休假权利和生产、工作任务的完成。

计件工作工时制，也称"计件工作制"。以劳动者完成一定数量的合格产品或一定的作业量来确定劳动报酬的制度。根据《劳动法》规定，对实行计件工作的劳动者，用人单位应当根据标准工时制的规定，合理确定劳动定额和计件报酬标准。

非全日制工作工时制度,是指以小时计酬为主,劳动者在同一用人单位一般平均每日工作时间不超过 4 小时、每周工作时间累计不超过 24 小时的用工形式。可以订立口头协议但是不得约定试用期;小时计酬标准不得低于用人单位所在地人民政府规定的最低小时工资标准;劳动报酬结算支付周期最长不得超过 15 日;应当参加基本养老保险,原则上参照个体工商户的参保办法执行;以个人身份参加基本医疗保险,并按照待遇水平与缴费水平相挂钩的原则,享受相应的基本医疗保险待遇;用人单位应当为其缴纳工伤保险。

在当下的经济发展背景下,我国的用人单位呈现标准化用工(每日工作 8 小时、每周工作 40 小时的制度)与非标准化用工(也称为非全日制用工)并存的"双轨制",非全日制用工是灵活就业的一种重要形式。

近年来,我国非全日制劳动用工形式呈现迅速发展的趋势,特别是在餐饮、超市、社区服务等领域,用人单位使用的非全日制用工形式越来越多。在我国促进非全日制劳动的重要意义,主要表现在以下几个方面:

首先,它适应企业降低人工成本、推进灵活用工的客观需要。在市场经济条件下,企业用工需求取决于生产经营的客观需要,同时,企业为追求利润的最大化,也要尽可能降低人工成本。实际上,非全日制用工的人工成本明显低于全日制用工。因此,越来越多的企业根据生产经营的需要,采用包括非全日制用工在内的一些灵活用工形式。

其次,促进下岗职工和失业人员再就业。在劳动力市场供过于求的矛盾十分尖锐,下岗职工和失业人员的就业竞争压力较差的情况下,非全日制劳动在促进下岗职工和失业人员再就业方面发挥着越来越重要的作用。

最后,有利于缓解劳动力市场供求失衡的矛盾,减少失业现象。在劳动力大量过剩、劳动力供求关系严重失衡、就业机会短缺的背景下,企业实行非全日制用工制度,可以使企业在对人力资源的客观需求总量不变的条件下,招用非全日制职工,可以给广大劳动者提供更多的就业机会。

【案例 6.3】某净水公司是一家生产和销售家庭及办公室使用的净水产品为主营业务的小型民营企业,半年前,李某(女)应聘到该公司做销售,工作内容是每个工作日深入社区推销公司的净水器,若洽谈成功,则回公司办理销售合同和财务登记,否则不用回公司;每周六必须到公司开会,汇报工作进展。没有底薪,只有销售提成。李某说工作期间,销售业绩时好时坏,业绩好每月可以拿到一两千,业绩不好常常一个月白干，平均下来，每个月不到700元。李某说自己高中毕业，孩子才2岁，这份工作时间灵活，也就认了。但是上个月企业要求签订"非全日制用工合同"，不签公司就不用她了。公司认为，本来就是非全日制用工，招用拖儿带女的销售人员，一方面利用她们的亲和力和社区人际关系，另一方面她们也有份活干，补贴家用；因此对销售人员的考勤很宽松，企业并不掌握具体的工作时间，想不工作了连假都不用请，签合同是为了规范。

企业在招聘雇佣劳动者之前必须对员工进行具体分类，实务中用人单位往往对本单位职工不加区分，采用同一份劳动合同管理，既不能满足员工的个性需求，也在一定程度上增加了单位的用工成本。因此需要根据岗位、工作期限、工作形式、员工特点等因素，对员工做出分类，对不同类型员工分类管理。案例6.3中，劳动者的工作时间是不确定的，企业和员工双方都没有每日工作小时数的记录（双方证据都不充分），劳动报酬是以提成的形式发放并且按月支付。因此，并不能确定双方构成非全日制的劳动关系。某净水公司招用销售人员，拓展销售渠道，吸纳更多劳动力就业，很好地承担了自身的社会责任，应予以扶持。但是在没有签订劳动合同，也没有任何协议和公司规章制度的情况下，用工存在很大的用人风险和法律风险。仅仅想通过口头合约和道德维系，在法治社会中是行不通的。《劳动合同法》的颁布实施，迫切要求创业者在招用员工时，依法行事，这是广大中小企业发展的当务之急。

2. 工资制度——最低工资

"工资"是指用人单位依据国家有关规定或劳动合同的约定，以货币形式直接支付给本单位劳动者的劳动报酬，一般包括计时工资、计件工资、奖金、津贴和补贴、延长工作时间的工资报酬以及特殊情况下支付的工资等。工资制度是国家法律、政策规定的有关工资支付、工资形式、工资标准、工资水平、转正定级、升级等构成的体系。主要形式有计时工资、计件工资、工资加奖励等。不论选择哪一种类型的工资制度，都必须遵循按劳取酬、同工同酬、合法保障的原则。创业者可以根据本单位的生产经营特点和经济效益，依法自主确定本单位的工资分配方式和工资水平。在实践中，多数创业者会综合当前同种职业或相近工种工资水平的一个平均值，设计的工资数额不会明显高于此平均值，这种方式既让员工感觉比较合理，又不会让老板出大头钱。

国家实行最低工资保障制度。最低工资的具体标准由省、自治区、直辖市人民政府规定，报国务院备案。用人单位支付劳动者的工资不得低于当地最低工资标准。最低工资标准是单位劳动时间内的最低工资数额，由法律允许的若干种劳动报酬项目组成,不包括加班工资、特殊工作环境、特殊条件下的津贴,也不包括劳动者保险、福利待遇和各种非货币的收入。最低工资应以法定货币按时支付,一般由一个国家或地区通过立法制定。

【案例6.4】工人李某在加工一批零件时因疏忽致使所加工产品全部报废,给工厂造成经济损失6 000元。工厂要求李某赔偿经济损失,从其每月工资中扣除。李某月工资3 000元,当地月最低工资标准为1 960元。

对于员工工作失误造成的损失,创业者(用人单位)该怎么办才能不触犯法律呢?按照《劳动法》和《劳动合同法》的规定,因劳动者本人原因给用人单位造成经济损失的,用人单位可以按照劳动合同的约定要求其赔偿经济损失。经济损失的赔偿,可从劳动者本人的工资中扣除,但每月扣除的部分不得超过劳动者当月工资的20%。若扣除后的剩余工资部分低于当地月最低工资标准,则按最低工资标准支付。

案例6.4中,工厂可以扣减工人李某的工资,但是每个月扣减数额为600元(3 000×20%=600),不能超过600元;扣减后李某的月工资不能低于当地的月最低工资标准。

3. 休息休假制度——带薪年休假

创业者使用劳动者,应当遵守现行的休息休假制度。我国《宪法》明确规定"公民有休假的权利";《劳动法》规定"国家实行劳动者每日工作时间不超过八小时、平均每周工作时间不超过四十四小时的工时制度""用人单位应当保障劳动者每周至少休息一天"。此外,《职工带薪年休假条例》中规定"职工累计工作已满1年不满10年的,年休假5天;已满10年不满20年的,年休假10天;已满20年的,年休假15天"。

【案例6.5】余某2008年11月23日入职某科技公司,2012年,余某提出其工龄已经满18年,每年应当享受10天带薪休假。2009年休了5天,2010年休了5天,2011年至今未休,依据《职工带薪年休假条例》的规定,公司应当支付2009年度、2010年度、2011年度的未休年假工资。公司认为,每年均有安排职工旅游,余某均参加旅游了。旅游期间可以抵消未休年假的工资,所以不应支付未休年休假的工资。

我国的《职工带薪年休假条例》规定:年休假在1个年度内可以集中安排,也可以分段安排,一般不跨年度安排。单位因生产、工作特点确有必要跨年度安排职工年休假的,可以跨1个年度安排。单位确因工作需要不能安排职工休年休假的,经职工本人同意,可以不安排职工休年休假。对职工应休未休的年休假天数,单位应当按照该职工日工资收入的300%支付年休假工资报酬。

案例6.5中,某科技公司的做法是错误的,违反《职工带薪年休假条例》的规定,以福利待遇代替年休假制度是违反现行法律规定的,二者不能抵消,某科技公司应当支付余某未休年假天数的每天3倍工资。

(四) 创业中的规章制度制定的法律问题

【案例6.6】代某在某大型连锁超市锦江分店鲜肉组工作已经3年。某天,代某乘人不备,将5公斤品牌牛肉打上了5公斤一般猪肉的标签,偷偷放到冷库中,准备下班后"买"回家中。不料,在冷库巡视的内勤发现了这5公斤贴了价签的牛肉,并将下班后去取肉的代某抓个正着。超市以严重违纪为理由解除了和代某的劳动合同。超市提供了代某手写签字的事实交代材料,出具了员工签收条和相应的《员工手册》,其中第九十条规定"偷、吃、用超市物品者,可罚款500元以下、通报批评或解除劳动关系"。劳动争议仲裁调解员认为员工手册规定的制度是模糊的,第九十条的意思是说偷、吃、用超市物品的劳动者,可以罚款500元以下,也可以通报批评,也可以解除劳动关系。为什么企业对员工选择最为严苛的处罚呢?企业认为这是管理权,应该由企业自行决定。请问:超市的做法可取吗?为什么?

用人单位的规章制度是用人单位制定的组织劳动过程和进行劳动管理的规则和制度的总和,也称为内部劳动规则。它是企业内部的"法律"。规章制度内容广泛,涵盖了用人单位经营管理的各个方面。根据1997年11月劳动部颁发的《劳动部关于对新开办用人单位实行劳动规章制度备案制度的通知》,规章制度主要包括:劳动合同管理、工资管理、社会保险福利待遇、工时休假、职工奖惩,以及其他劳动管理规定。用人单位制定规章制度,要严格执行国家法律法规的规定,保障劳动者的劳动权利,督促劳动者履行劳动义务。

创业企业就是人们常提起的"用人单位"。创业企业在制定规章制度或者决定重大事项时应当依据法律法规的规定,主要是《劳动合同法》的规定。规章制度应当按照以下程序制定:第一,经职工代表大会或者全体职工讨论,提出方案和意见。第二,与工会或者职工代表平等协商确定,一般来说,企业建立了工会的,与企业工会协商确定;没有建立工会的,与职工代表协商确定。这种程序,可以说是"先民主,后集中"。第三,直接涉及劳动者切身利益的规章制度应当公示,或者告知劳动者。公示或告知选择其一就可,具体的方式有很多种,实践中常见的"公示"方法是用人单位直接将规章制度张贴在企业的告示栏中;"告知"手段较多用,常见的有的用人单位是把规章制度作为劳动合同的附件发给劳动者;有的用人单位是向每个劳动者发放员工手册。总之,规章制度是劳动合同的一部分,要让劳动者遵守执行,应当让劳动者知道,无论采用哪种方式,只要让劳动者知道就可以。

建议青少年创业者制定规章制度时既要符合法律、法规的规定,也要合理,符合社会道德。实践中用人单位的规章制度一般表现为《员工手册》(有的是《员工守则》)、劳动纪律规定(或劳动纪律制度汇编)、员工奖惩规定等。

案例6.6中,超市出示员工代某签字的《员工手册》签收条,证明该《员工手册》是经过了告知程序的具有法律效力的规章制度。但是其中"九十条"的规定是模糊的,超市《员工手册》第九十条的意思是:偷超市物品者,超市可以选择的处罚方式有三种:(a)罚款500元以下;(b)通报批评;(c)解除劳动关系。这三种方式选择其一就可以,但是超市的惩罚方式并非同一程度,存在明显的厉害差异,罚款=通报批评<解除劳动关系,也就是说罚款和通报批评的惩罚力度远远小于解除劳动关系。在劳动者违规行为情节和影响并不严重的情况下(代某虽然实施了偷超市物品的行为,但是并未成功,盗窃未遂,并没有给超市造成现实的经济损失)选择最为严格的处罚,是对员工的不公平对待。超市最终败诉,主要原因在于规章制度制定虽然合法合理,但是存在不明确、不严谨的问题,导致在执行时出现歧义。

【案例6.7】某日清晨,和平饭店两名员工小张(迎宾员)和小王(总机接待)因为饥饿到厨房偷拿了2个苹果,单位发现以"偷窃公司物品属于严重违反单位规章制度"为由辞退了二人。两员工不服,以处罚过重为由提请仲裁。仲裁委员会裁决:公司解聘有理,驳回员工诉求。

【案例6.8】某日下午,某食品加工公司裱花车间操作工王某在工作时拿起一小片裱花蛋糕用的猕猴桃吃,恰好被新来的副经理发现。副经理当场给予批评,还把王某叫到办公室写下了事件陈述。事后公司以王某"偷吃公司物品"为由解除了劳动合同。王某提请仲裁。仲裁委员会经审理认为,王某的行为虽有不当,但尚不构成严重违反规章制度,裁决公司向王某支付违法解除劳动合同的赔偿金。

生活中,有些用人单位的规章制度虽不违法,但不合理、不适当。例如,有的企业规章制度规定一顿吃饭只能几分钟吃完,一天只能上几次厕所,一次只能几分钟等。这些虽然不违反法律、法规的规定,但不合理,也应当有纠正机制。制定规章制度应当体现权利与义务一致、奖励与惩罚结合,不得违反法律、法规的规定。否则,就会受到法律的制裁。《劳动合同法》第七十九条规定:"用人单位制定涉及劳动者切身利益的规章制度违反法律、法规规定的,由劳动行政部门责令改正,给予警告;给劳动者造成损害的,用人单位应当承担赔偿责任。"

案例6.7和案例6.8中,员工偷拿苹果和偷吃物品的行为,虽违反规定,但并没有对单位造成严重的经济损失或其他不良影响。单位直接辞退员工,虽然合法合规,但从人情的角度过于严厉。因此,建议青少年创业者在制定规章制度时,要尽量兼顾合法和合理性。

学习任务四　青少年创业中的其他劳动法律问题

(一) 青少年创业者应合理设计劳动合同文本

劳动合同文本主要是依据《劳动合同法》第十七条的规定设计的,包括用人单位的名称、住所和法定代表人或者主要负责人;劳动者的姓名、住址和居民身份证或者其他有效身份证件号码;劳动合同期限;工作内容和工作地点;工作时间和休息休假;劳动报酬;社会保险;劳动保护、劳动条件和职业危害防护;法律、法规规定应当纳入劳动合同的其他事项。此外还可以有试用期、培训、保守秘密、补充保险和福利待遇等其他事项。

此外,应注意,在劳动合同等协议中应当体现劳动者的家庭地址、联系地址等。签订合同时要求劳动者如实提供户口所在地、家庭居住地、手机号、微信号等信息。

在用人单位进行劳动关系管理时,送达是一个难题。劳动合同、岗位薪资变动通知、解除通知、终止通知等诸多法律文书都须送达劳动者才能发生法律效力。但多数用人单位忽略了对送达地址的约定,导致劳动者失联后相关法律文书无法送达。因此有必要在劳动合同中进行明确约定,可以在劳动合同文本中,增加类似条款,如"劳动者应当向工作单位提供准确的户口所在地、家庭居住地和联系方式,如有变动应当及时通知企业;未履行通知义务的,工作单位按照原有的地址履行送达义务,无论是否退回均视为送达。由此造成的法律后果由劳动者自行负担"等。

【案例6.9】王某到某公司应聘填写录用人员情况登记表时,隐瞒了自己曾先后两次受行政、刑事处分的事实,与公司签订了3年期限的劳动合同。事隔3日,该公司收到当地检察院对王某的不起诉决定书。经公司进一步调查得知,王某曾因在原单位盗窃电缆受到严重警告处分，又盗窃原单位钢材被查获，因王某认罪态度较好，故不起诉。请问：公司该怎么对待王某？

案例 6.9 中，王某隐瞒自己过去受行政和刑事处分的事实并与公司签订劳动合同，是不诚信的行为，构成欺诈。公司有权基于王某的过去行为和隐瞒事实来重新评估其适任性，并可以选择解除与王某的劳动合同。

（二）青少年创业者希望劳动者工作多长时间

劳动合同期限是劳动合同的重点条款，对劳动合同期限的类型，法律规定了三种方式：固定期限、无固定期限和以完成一定工作任务为期限。实务中大多数企业对员工均采取一视同仁的态度，不加区分采用同一类型的劳动合同期限，导致单位用工成本的无端增加。

【案例 6.10】 某公司在与员工签订劳动合同时遇到一个棘手问题，员工甲 2018 年 1 月 1 日进厂，但公司一直忘记与员工甲签订劳动合同，员工甲知道公司如果不与其签订书面劳动合同，依法需要向其支付双倍的工资，因此一直不动声色，直至 2018 年 5 月 1 日，公司对劳动合同进行了一次普查，才发现与员工甲漏签了劳动合同，公司表示要与员工甲补签劳动合同，员工甲同意补签，但是公司要先支付其 2018 年 1 月至 4 月的另一倍工资，否则员工甲只愿意将补签劳动合同日期订在 2018 年 5 月 1 日。请问：公司应当如何处理上述案件较为妥当？

青少年创业者在管理员工时，应当加强对劳动合同的管理，建立签订、保管、存档等规范体系；针对员工拒签情形，应当注意以下几点：

第一，合同签订时间上应注意：从建立劳动关系之日起或合同期满之日起，一个月内必须及时签订劳动合同。

第二，合同签订形式上注意：要以书面形式，不能采用口头通知员工签订劳动合同；员工拒签合同的，要以书面形式，不能口头通知终止劳动关系。

第三，注意保留证据：要保留员工拒绝签订劳动合同的证据，如意向书中设定拒签合同的原因、访谈笔录、证人证言等。

对劳动合同期限采用分类约定：普通员工一般采用固定期限，期限的长短可以按照工作岗位的需要确定；对项目类员工，如建筑项目、软件项目，可以采用完成一定工作任务为期限，但注意要明确约定工作任务完成的标准。

在决定合同期限的时候，是需要给劳动者规定试用期，还是规定实习期？这要根据劳动者的身份决定——如果劳动者是已经毕业的青年，就必须规定试用期；如果劳动者还是在校的学生，没有拿到毕业证的，就规定实习期。

对试用期的约定要注意三点：一是试用期的期限。《劳动合同法》第十九条规定了试用期的最长期限，如违反试用期最长期限，超期试用则依据《劳动合同法》第八十三条面临赔偿金罚则。二是试用期的约定次数。《劳动合同法》第十九条第二款规定"同一用人单位与同一劳动者只能约定一次试用期"。三是试用期内谨防出资培训。这里要特别阐释"同一用人单位与同一劳动者只能约定一次试用期"。也就是说，用人单位和劳动者只能在第一份劳动合同中约定试用期，此后劳动者岗位变动、工作地点变动等需要签订新的劳动合同时，则不能再约定试用期。

案例6.10中，公司均应当积极与员工甲沟通协商，尽快补签劳动合同，确保双方的权益得到法律保护，并支付应付的双倍工资差额。补签劳动合同时，应明确约定工作岗位、工作职责、工资待遇、工作时间、保险福利等条款。

（三）创业者对劳动者工作地点、工作量的要求

1. 工作地点

工作地点的约定与员工社保关系、仲裁管辖、最低工资均有很大关系，我国实行劳动合同履行地优先原则，一般情况下是将工作地点作为劳动合同履行地对待。但在实务中，因企业搬迁、办公场所到期、员工外派、出差等多种因素，工作地点容易发生变动。这就需要在劳动合同中约定弹性工作地点。弹性工作地点要求工作地点宜明确不宜模糊约定。

2. 劳动者的工作量该如何确定

岗位条款约定历来是企业头疼的一个问题，主要是岗位一旦约定，则企业调岗自主权受到限制，一旦调岗就必须和职工协商一致，极容易产生纠纷，对此建议采用订立单独的岗位合同+竞聘上岗，这样能够最大限度地规避岗位约定的风险。

（四）创业者需要给劳动者缴纳社会保险吗

社会保险是劳动法律关系中的一个重要内容，近年来随着《社会保险法》的实行，五项社会保险总额占到企业工资成本的51%，社保成本成为企业关注的一项重要内容。社会保险风险重点在于社保成本的优化，笔者认为对社保成本的优化可以从三个方面考虑：①社会保险缴费基数优化，社保缴费基数优化需要和工资结构相结合，采用短期工资降低、长期工资加大的方式降低社保缴费基数。②社保外包。目前一些人力资源服务公司均能提供社保代理服务，可以通过社保业务外包降低社保操作的人工成本。③商业保险补充。以工伤保险为例，工伤保险基金虽然可以报销大部分工伤费用，但仍有几项由企业本身承担，企业可以通过商业补充保险免除企业的赔付责任。

【案例 6.11】李某于 3 月 6 日在某公司工作，双方签订的劳动合同约定：某公司按月通过银行转账方式向李某支付工资 1 600 元，李某自愿放弃某公司为其参加社会保险，某公司按月以社保补贴的形式支付李某 800 元。5 月 11 日，李某以在岗期间某公司未为其购买社会保险为由向某公司提交了书面辞职。之后，李某离开某公司未再上班。李某于 5 月 17 日申请劳动仲裁，以单位未依法缴纳社会保险为由，请求某公司支付解除劳动关系经济补偿金，工资标准按每月 2 400 元主张。请问：此案如何处理？

为劳动者缴纳社会保险，是创业者不可放弃的社会责任，是企业的义务。依据相关法律规定，按期、足额缴费是社会保险基金畅通运行的物质基础，关乎劳动者切身利益的及时维护与实现。《社会保险法》第十条、第二十三条、第三十三条、第四十四条、第五十三条明晰了用人单位与劳动者或一方缴纳或双方共担保险费的缴纳方式。该规定具有法定性和强制性，当事人不能约定以支付社保补贴方式变相排除用人单位的缴费义务。否则，依据《劳动合同法》第二十六条规定，相应约定将因违反法律、行政法规强制性规定而无效。

案例 6.11 中，以补贴代替社会保险，并不能免除企业的社保责任。双方劳动合同有关以社保补贴免除用人单位缴纳社保费用义务的约定无效，对于劳动者要求经济补偿金的请求应当予以支持。

在创业之初，招聘员工、管理培训员工是创业人员的主要任务之一。从以上几方面对创业者给予扶持，助力其尽快进入规范的跑道。首先，通过法律法规的宣讲，帮助其规范招聘广告和招聘流程；其次，引导创业者规范制定用人单位的规章制度；最后，督促企业将员工管理纸面化、规范化，重要的涉及法律权利义务的劳动者和企业双方均应签字盖章；企业的决策应尽可能地依照规章制度行事，依规管理，依法发展。

所涉及部门

劳动法律工作涉及人力资源和社会保障部门、职业介绍机构、工伤鉴定机构、妇联、工会、居委会等。

思考题

- 请梳理关于青少年创业的相关文件。
- 我国当前助力青少年创业的主要难点有哪些?
- 请总结归纳青少年创业中涉及的主要的劳动法律规定。

专题实训

请根据所学内容开发一个助力解决青少年创业中常见劳动法律难题的项目。要求:撰写项目开发策划案,策划案内容包括但不限于以下各项:项目目的、助力对象、项目所涉及社会资源、项目的内容、项目实施方式、项目所涉费用、项目中应当注意的问题等。

法条链接

《劳动合同法》第四条:用人单位在制定、修改或者决定有关劳动报酬、工作时间、休息休假、劳动安全卫生、保险福利、职工培训、劳动纪律以及劳动定额管理等直接涉及劳动者切身利益的规章制度或者重大事项时,应当经职工代表大会或者全体职工讨论,提出方案和意见,与工会或者职工代表平等协商确定。用人单位的财务制度、车辆管理制度、合同管理制度等就不属于前述的规章制度。在规章制度和重大事项决定实施过程中,工会或者职工认为不适当的,有权向用人单位提出,通过协商予以修改完善。用人单位应当将直接涉及劳动者切身利益的规章制度和重大事项决定公示,或者告知劳动者。

《劳动合同法》第六十八条:非全日制用工,是指以小时计酬为主,劳动者在同一用人单位一般平均每日工作时间不超过四小时,每周工作时间累计不超过二十四小时的用工形式。

《劳动合同法》第六十九条:非全日制用工双方当事人可以订立口头协议。

从事非全日制用工的劳动者可以与一个或者一个以上用人单位订立劳动合同;但是,后订立的劳动合同不得影响先订立的劳动合同的履行。

《劳动合同法》第七十条：非全日制用工双方当事人不得约定试用期。

《劳动合同法》第七十一条：非全日制用工双方当事人任何一方都可以随时通知对方终止用工。终止用工，用人单位不向劳动者支付经济补偿。

《劳动合同法》第七十二条：非全日制用工小时计酬标准不得低于用人单位所在地人民政府规定的最低小时工资标准。

非全日制用工劳动报酬结算支付周期最长不得超过十五日。

《劳动合同法》第二十三条　用人单位与劳动者可以在劳动合同中约定保守用人单位的商业秘密和与知识产权相关的保密事项。

对负有保密义务的劳动者，用人单位可以在劳动合同或者保密协议中与劳动者约定竞业限制条款，并约定在解除或者终止劳动合同后，在竞业限制期限内按月给予劳动者经济补偿。劳动者违反竞业限制约定的，应当按照约定向用人单位支付违约金。

《劳动合同法》第二十四条　竞业限制的人员限于用人单位的高级管理人员、高级技术人员和其他负有保密义务的人员。竞业限制的范围、地域、期限由用人单位与劳动者约定，竞业限制的约定不得违反法律、法规的规定。

在解除或者终止劳动合同后，前款规定的人员到与本单位生产或者经营同类产品、从事同类业务的有竞争关系的其他用人单位，或者自己开业生产或者经营同类产品、从事同类业务的竞业限制期限，不得超过二年。

《劳动合同法》第九十条　劳动者违反本法规定解除劳动合同，或者违反劳动合同中约定的保密义务或者竞业限制，给用人单位造成损失的，应当承担赔偿责任。

学习模块七

未成年人犯罪分析及预防矫治工作实务

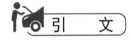

2023年6月1日,最高人民检察院发布《未成年人检察工作白皮书(2022)》(以下简称"白皮书")。白皮书显示,修订后的《未成年人保护法》《预防未成年人犯罪法》(以下简称"两法")深入实施,《家庭教育促进法》正式施行,"最有利于未成年人原则"更加深入人心,未成年人成长的环境更加友好,保护未成年人的氛围更加浓厚。同时也应看到,侵害未成年人的犯罪数量仍处于高位,未成年人犯罪数量有所上升,且呈现低龄化趋势,家庭监护缺位问题依然比较突出,网络对未成年人的影响巨大,未成年人保护社会治理还存在薄弱环节,未成年人保护工作依然任重道远①。

学习目标

知识目标: 掌握未成年人犯罪与未成年人罪犯的基本概念、特点。了解未成年人犯罪的原因。熟悉未成年人犯罪的预防对策和矫治方法。知道与未成年人犯罪相关的法律法规和政策,以及未成年人在司法程序中的特殊保护。

能力目标: 能够运用所学知识分析未成年人犯罪案例,找出犯罪原因并提出相应的预防和矫治措施。能够与未成年人进行有效沟通,了解他们的思想动态和行为表现,及时发现和解决问题。能够参与未成年人犯罪的预防和矫治工作,能够与相关部门和机构合作,为未成年人提供必要的帮助和支持。

素养目标: 树立正确的未成年人观,尊重未成年人的权利和尊严,培养积极参与

---

① 光明日报:陈慧娟,最高检发布《未成年人检察工作白皮书(2022)》,2023年6月3日,002版。

未成年人犯罪的预防和矫治工作的社会责任感。具备良好的职业道德和职业操守，不断提升自己的专业素养和综合能力，为未成年人犯罪的预防和矫治工作贡献自己的力量。

 课堂讨论

你了解未成年人犯罪吗？结合社会热点案例，谈谈未成年人犯罪的特点。

学习任务一　未成年人犯罪与未成年罪犯的概念及特点

（一）未成年人犯罪的概念和特点概述

1. 未成年人犯罪的概念

未成年人犯罪，是指未满十八周岁的公民，实施了违反我国《刑法》的犯罪行为。依据我国《刑法》规定，判断是否为未成年人应当以行为发生时，而不是以结果发生时为时间节点。

2. 未成年人犯罪的特点

未成年人较其他类型犯罪具有鲜明的特点，通过分析未成年人犯罪特点，以期找到更好防止和减少未成年人犯罪的途径。

（1）犯罪类型集中

未成年人犯罪主要集中在财产类、暴力类、性犯罪，其中暴力和性犯罪占90%以上，由于未成年人生理和心理成熟趋向早龄化，但自控能力差，对未知世界充满好奇，暴躁易怒，容易触犯法律。

（2）犯罪动机简单

基本上出于满足物欲、性欲、表现欲等较低级的生理、心理欲望为目的，常常在他人、影视作品等不良外界因素的影响下，或者为了寻求刺激和寻求关注，不计后果地实施违法犯罪行为。

（3）多为共同犯罪

未成年人对于犯罪行为往往是一哄而起，互相壮胆，结伙行动。尤其抢劫罪，近几年未成年人共同犯罪在逐年增加，因此，对未成年人共同犯罪也需要社会高度关注。

【案例7.1】张某10岁时父母离婚，同父亲一起生活，父亲常年在外打工，缺乏对张某的教育和关爱。张某开始沉迷于网络游戏，15周岁后经常逃学，受网络上不良信息影响，张某开始抽烟喝酒，经常打架，后结识小学就辍学的15周岁的李某和16周岁的王某，三人经常出入酒吧、黑网吧等场所。刚开始三人缺钱的时候就到学校附近向低年级学生索要钱财，随着三人接触网络直播打赏，零花钱不够用，三人谋划"飞车夺物"。2023年一天，由张某假装问路与路人赵女士攀谈，李某驾驶摩托车，王某坐在摩托车后座负责抢夺赵女士背包，抢夺过程中将赵女士拖行数十米，造成赵女士重伤二级。根据《刑法》第十七条第二款、第二百六十三条、《关于审理未成年人刑事案件具体应用法律若干问题的解释》第五条的规定：张某、李某、王某三人构成抢劫罪的共同犯罪，均被判处有期徒刑三年六个月。

案例7.1中，张某因家庭不完整，缺乏父母的关爱和教育，加上受到网络不良信息的影响，从不良习惯发展到犯法犯罪，是很多未成年人犯罪的原因。本案体现出未成年人犯罪类型集中、犯罪动机简单、多为共同犯罪的特点，值得家庭、社会、司法部门高度关注，强化未成年人的犯罪预防。

（二）未成年罪犯的概念和特点

1. 未成年罪犯的概念

未成年罪犯，是指尚未达到法定完全承担刑事责任年龄的罪犯。按照《刑法》第十七条规定，已满16周岁的人犯罪，应当负刑事责任。已满14周岁、不满16周岁的人，犯故意杀人、故意伤害致人重伤或者死亡、强奸、抢劫、贩卖毒品、放火、爆炸、投毒罪的，应当负刑事责任。已满12周岁不满14周岁的人，犯故意杀人、故意伤害罪，致人死亡或者以特别残忍手段致人重伤造成严重残疾，情节恶劣，经最高人民检察院核准追诉的，应当负刑事责任。

2. 未成年罪犯的特点

未成年罪犯主要有以下几个特点：

第一，未成年罪犯性格较为偏激。未成年罪犯存在两极现象，一种是严重缺乏安全感，对身边人不信任，时刻保持警惕，不喜欢交际，性格往往较为内向，处理事情容易采取极端手段，此类罪犯性犯罪较多；另一种是性格张扬，暴躁易怒，江湖义气浓重，喜欢用"拳脚"处理问题，此类罪犯暴力犯罪较多。

第二，未成年罪犯文化程度较低。大部分未成年罪犯因辍学成为社会闲散人员，文化程度较低导致道德教育不足,恶劣习性较多,对事物认识肤浅,最终走向犯罪。

第三,可教育改造性强。因未成年罪犯年纪较小,心智未成熟,性格波动性大,人格养成未定型,容易接受教育改造。在正确的教育方式、特点的管理模式下,很大程度可以"重塑"未成年罪犯,达到"教育""挽救"的未成年罪犯管理目标。

【案例7.2】 2019年1月至2020年3月,未成年被告人贾某某因参加电竞比赛需要资金,采用化名,虚报年龄,谎称经营新媒体公司,以网上刷单返利等为幌子,诱骗多名被害人在网络平台购买京东E卡、乐花卡,或是诱骗被害人在支付宝等小额贷款平台借款后供其使用,骗得人民币共计30余万元。到案后,贾某某如实供述了上述犯罪事实。人民法院委托社工对被告人贾某某进行了详细社会调查。调查显示,贾某某幼时读书成绩优秀,曾获省奥数竞赛第四名和全国奥数竞赛铜奖,后因父母闹离婚而选择辍学,独自一人到外地生活,与家人缺乏沟通联络。父母监护的缺失、法律意识的淡薄,是贾某某走上违法犯罪道路的原因。法院审理期间,贾某某父亲对被害人退赔,获得被害人的谅解。法院经审理认为,贾某某系未成年人,到案后能如实供述犯罪事实,自愿认罪认罚,其父亲已代为退赔被害人经济损失,取得被害人谅解。经综合考量,对其依法从轻处罚,以诈骗罪判处贾某某有期徒刑3年,缓刑3年,并处罚金人民币3万元。

在审理过程中,人民法院采用了圆桌审判、社会调查、法庭教育、"政法一条龙"和"社会一条龙"等多项未成年人审判特色工作机制,平等保护非本地籍未成年被告人的合法权益,充分发挥法律的警醒、教育和亲情的感化作用,将审判变成失足少年的人生转折点。案件审结后,法官持续跟踪帮教,被告人贾某某深刻认识到自身的错误,积极反省,在法官的积极协调下,贾某某回到高中学习,备战高考[①]。

案例7.2中,法官找准切入点,有针对性地确定帮教措施,积极促进退赔谅解,充分发挥法庭教育及亲情感化作用,积极与被告人原户籍地社区矫正机构联系,认为对其适用缓刑,不致危害社会。这是一起对犯罪的未成年人坚持"教育、感化、挽救"方针和"教育为主,惩罚为辅"原则,帮助其重回人生正轨的典型案例。

---

① 最高人民法院官网:最高人民法院发布《未成年人权益司法保护典型案例》,2022年3月2日。

学习任务二　未成年人犯罪的原因分析

（一）自身因素对未成年人犯罪的影响

1. 未成年心理不成熟，易受外界干扰

未成年人处于青春期，神经系统处于不稳定状态，逆反心理严重，认识、感情和意志上极易受外界环境的影响，容易兴奋、冲动、感情用事。未成年人认识事物有极大的直观性，缺乏自我控制力，当因社会和家长忽略其正常的成长心理需求而遭受挫折时，极易通过不正当途径发泄情绪，可能演化成犯罪。

2. 青春期生理知识缺乏，没有系统健康的性观念

这是未成年人淫欲型犯罪发生率高的关键原因。未成年人进入青春期后性意识开始萌发，而在这个过程中性冲动也逐渐增强，对异性的好奇心与日俱增。在"性解放""性自由"等不良信息的影响下，受外界条件诱惑刺激时，无法克制，冲破法律束缚而实施犯罪。

3. 未成年人存在种种不良行为

未成年人出于好奇或者效仿等心理，尝试吸烟、喝酒、看淫秽视频等，逐渐养成打架、旷课、泡吧、赌博等不良习惯，进而一步一步沉迷其中，走向犯罪。在被调查的未成年罪犯中92%以上的有吸烟、喝酒、打架等不良嗜好，可见这些不良嗜好给未成年人造成的影响之大。

4. 法治观念淡薄

根据调查显示，未成年人犯罪时没有意识到自己的行为是违法犯罪的占总数的83.09%，大部分未成年人犯罪前未看过法律书籍或者未接受过法律教育。还有相当一部分人犯罪前曾是受害者，他们并没有采取正当途径来处理，例如报告老师或公安机关，而是寻求坏朋友帮忙报复，渐渐与他们同流合污，最终走上了违法犯罪的道路。

5. 心智不成熟，易受外界影响

一部分未成年人因交友不慎，一群所谓志同道合的不良少年，聚集在一起，相互壮胆，加上容易模仿影视作品中人物的不良行为，并受其价值观念影响，很容易做违法乱纪的事情，这也是未成年人犯罪中共同犯罪较多的重要原因之一。

【案例7.3】王某某（14岁）因和父母吵架于凌晨负气出走，在街上闲逛。当发现

被害人李某某一人在路边打电话后,便采用捂嘴、用随身携带的折叠刀威胁等方式,抢走李某某价值 4 039 元的苹果 5S 手机一部和现金 90 余元。两天后,王某某的父亲发现了来源不明的手机,遂带王某某到派出所投案。经调查显示,王某某因父母不答应其购置手机看科幻小说而离家出走,后临时起意进行抢劫,之前无其他劣迹,亦无不良嗜好。心理测试显示王某某存在较严重的情绪不平衡因子,存在中等程度的偏执、强迫、敌对、焦虑心理,有中等程度的适应障碍,人际关系紧张、敏感①。

案例 7.3 中,王某某的行为存在一些心理健康问题。其情绪不平衡、偏执、敌对、焦虑。这些问题与王某某的家庭环境、其父母的教育方式、所受经历等相关。因此,需要对他进行全面的心理评估和治疗,帮助未成年人王某某纠正不良的心理倾向和行为习惯。

(二) 家庭环境对未成年人犯罪的影响

原生家庭的教育是人成长的第一课堂,也是非常重要的一堂课,家庭环境直接决定和影响着未成年人的健康成长。

1. 家庭结构不完整

不完整的家庭结构包括父母一方或双方死亡,或者离异。如果家长不加以适当的引导,则容易造成孩子心灵的创伤,形成暴躁、极端、孤僻等性格上的问题。另外,家庭结构不完整,致使无人或者一人管教,未成年人失去或缺少家庭应有的关爱和教育,在成长的过程中缺乏足够的正向引导。

2. 家庭关系不和睦

家庭成员之间特别是父母之间关系不和谐,经常吵骂、厮打,未成年人对家庭温暖感受不足,甚至是恐惧、忧虑和失望。这种家庭容易造成未成年人性格内向、孤僻自卑、有较强攻击性,很容易走上犯罪的道路。

3. 父母的不良影响

父母一方或双方在言传身教方面,如果教育培养孩子不正确的"三观",那么未成年人就很容易陷入混乱的是非观念,缺乏控制意志能力,进而也会模仿不良行为。加之父母纵容和默许,致使未成年人从行为不道德走向违法。

---

① 最高人民检察院官网:最高人民检察院发布《最高检通报 10 件加强未成年人司法保护典型案(事)例》,2015 年 5 月 27 日。

4. 家庭对未成年人关注不够

父母忙于工作，忽略未成年人的管理和教育。这种家庭中的家长对未成年人关注不够，忽视对思想品质的培养，对未成年人犯错误不能及时纠正，甚至视而不见和纵容放任，结果造成未成年人自私、任性、好逸恶劳、蛮横霸道的性格，在社会上专横跋扈、气焰嚣张，具有较强的犯罪倾向。

5. 家庭教育不当

有一些父母一味满足未成年人的需求，对孩子无底线地溺爱，从不对未成年人提出要求和规范，这导致未成年人养成了任性、骄横、自私自利的性格，缺乏做事原则和规矩意识。相反，另一些父母教育孩子的方式粗暴生硬、滥施权威、动辄打骂，造成未成年人与家长产生隔阂，逆反心理严重，容易养成未成年人粗暴、冷漠的性格，对他人缺乏信任和具有较强攻击性。

【案例 7.4】未成年人陆某，一岁时父母离异，此后随父共同生活。其父再婚后常年在外打工，母亲离婚后杳无音信，陆某实际从小由其姑妈、祖父照料，长期缺乏父母的关心和管教，姑妈也因为有自己的子女，管教陆某的精力不足。在成长过程中，陆某常年缺乏家庭教育，也从未接受正常的义务教育，混迹社会，与不良成年人厮混，渐渐滋生出不良品行并实施违法行为，多次被公安机关传唤，事后虽由家长带回教育，但效果甚微。2019 年 9 月陆某因犯盗窃罪被判处拘役三个月并处罚金，2020 年 4 月因犯盗窃罪被判处拘役四个月并处罚金，2020 年 8 月因犯盗窃罪被判处拘役四个月并处罚金，2021 年 3 月因犯盗窃罪被判处有期徒刑六个月并处罚金。陆某被多次判刑后并没有洗心革面，2021 年 10 月某日晚进入某药房窃得人民币 4 000 余元、进入某饭店窃得人民币 175 元，案发后被法院一审判处其有期徒刑六个月并处罚金。陆某短短两年内因盗窃罪受到了五次刑事处罚，成了一名盗窃惯犯。法院在本案审判时对陆某的监护人进行了严肃的批评和法治教育，要求监护人今后加强与陆某的沟通交流，给予其更多的家庭关爱，帮助陆某走好今后的人生道路①。

家庭教育是所有教育方式的开端，关系着孩子是否能扣好人生的第一粒纽扣。父母或者其他监护人应当承担对未成年人实施家庭教育的主体责任，用正确思想、方法和行为教育未成年人养成良好思想、品行和习惯。

案例 7.4 中，未成年人陆某缺乏来自家庭的管教。作为监护人，其父母未能履行

---

① 上海市高级人民法院：《上海浦东法院发布家庭教育典型案例》，2023 年 5 月 12 日。网址：https://www.hshfy.sh.cn/shfy/web/xxnr.jsp? pa=aaWQ9MTAyMDMwMzI0OSZ4aD0xJmxtZG09bG0xNzEPdcssz

好对陆某的监护职责，临时监护人姑妈和祖父也没有妥善教育好陆某，从而使陆某沾染不良行为走上犯罪道路。如果陆某的父母或其他监护人能在其间及时关注并正确教育和引导，陆某或许会有不一样的结果。根据《民法典》《未成年人保护法》《家庭教育促进法》《预防未成年人犯罪法》等法律的规定，监护人应当履行监护职责；发现未成年人有不良行为的，应当及时制止并加强管教。

（三）学校教育对未成年人犯罪的影响

1. 德育培养不够

许多学校没有突破分数至上的传统教育思维，单纯追求升学率和考试成绩，忽略了德育、体育、美育等全面的素质教育，部分差生自暴自弃，以非正常途径发泄其内心的不满，极易走向暴力犯罪。部分学校盲目追求升学率，把一些所谓差生过早地推向社会。大部分辍学的未成年人，由于过早接触社会，心智不够成熟，容易被社会上的不良人员和信息影响，从而走向犯罪道路。

2. 成长课程难以落实

未成年人成长中必要的法治、生理、心理课程难以见效。一些学校法治和道德教育的不深入，导致学生法治思维缺失，法治观念淡薄，生理和心理教育缺失，不能正确看待两性关系、同学关系等。

【案例7.5】2013年8月，山东省邹城市人民检察院未成年人刑事检察部门（以下简称"未检部门"）在办理王某某故意伤害一案过程中，发现一个由中学生为主体形成的"红玫瑰"社团，严重危害校园安全和社会秩序。经查，该社团具有独立口号、章程及金字塔式的组织结构。社团成立的初衷是几个关系要好的退学学生联系在校生一起吃喝玩乐，随着加入人数的不断增加，社团成员发展至350余人（90%为未成年人），并因"红玫瑰的伙计挨了欺负，是红玫瑰的人就得为他出头做主"的帮规引发数起犯罪及治安案件。对此，检察机关从王某某故意伤害一案着手，抽丝剥茧，深挖细查，会同有关部门成功拔除"红玫瑰"这一影响未成年人身心健康的"毒刺"。一是提出检察建议，建议公安机关彻查"红玫瑰"成员情况。用时一个多月将"红玫瑰"社团的组织分布情况彻底摸清，具体核实了每个学校内的参团学生情况。二是针对摸查获取的"红玫瑰"社员信息，主动联系其家长、所在学校等，劝其退出社团，并密切关注其学习生活情况，跟踪、督促其彻底脱离"红玫瑰"。三是针对涉嫌故意伤害、情节轻微的王某某做附条件不起诉处理，给其一个悔过自新的机会。四是联合团委、关工委、教育局等单位启动了"未成年人成长环境优化"工程,组织"少年模拟法庭"进校园和以"慎重交友、远离犯罪、健康成长"为主题的法制宣讲活动,传递正能量,净化校园环境。

从某种意义上说,未检部门的工作往往功夫在"案外"。通过办理一起故意伤害案件,挖出一个三百余人的未成年人不良社团,并通过充分发挥教育、挽救和预防犯罪职能,拉回误入歧途的失足少年,铲除潜在的犯罪苗头,有利于未成年人成长环境尤其是校园环境的净化①。

(四) 社会环境对未成年人犯罪的影响

1. 不良信息对未成年人的影响

未成年人在青春期出现第二性征,对性产生神秘好奇感甚至渴望尝试的心理,身心尚未完全成熟,自制力差,一些淫秽书刊及音像资料极易引导他们走向性犯罪,如近5年某省的未成年罪犯中,性犯罪占比达70%以上。一些暴力信息对正处于社会化过程中的未成年人"三观"树立影响深远,导致一些未成年人举止粗暴,用武力解决问题容易引导未成年人暴力犯罪,2008—2022年某省的未成年罪犯中,暴力犯罪占比一直在20%至40%浮动。

2. 网络对未成年人的影响

随着网络的普及,越来越多的未成年人接触网络,并呈现低龄化,年龄主要集中在小学至高中。根据2019年共青团中央维护青少年权益部、中国互联网信息中心发布的《2018年全国未成年人互联网使用情况研究报告》显示,截至2018年,中国未成年网民规模达1.69亿,未成年人互联网普及率达到93.7%,明显高于同期全国人口互联网普及率。《中国互联网发展状况统计报告》显示,截至2021年6月,中国6~19岁网民占网民数的15.7%。根据《第十次中国未成年人互联网运用调查》显示,中国未成年人互联网普及率达99.2%。中国青少年网络协会发布的《2022年青少年网瘾调查报告》显示,我国城市网络成瘾症青少年占青少年网民的14.1%,在城市非网瘾青少年中,有网瘾倾向的占12.7%。互联网给未成年人带来便捷、多彩的学习、生活外,互联网中低级庸俗、色情淫秽、迷信邪教、暴力与欺诈等有害信息内容,给未成年人带来了负面的影响。一些未成年人沉溺于游戏和其他不良的网上活动,误入歧途,走上

---

① 最高人民检察院官网:最高人民检察院发布《最高检通报10件加强未成年人司法保护典型案(事)例》,2015年5月27日。

违法犯罪的道路。调查显示，仅2022年某省的未成年罪犯中，经常去网吧的占总数的67%，每天上网的占99.8%。因在网吧玩网络游戏或浏览黄色网站着迷，诱发犯罪的占32%。

3. 未成年人就业困难

一部分16周岁以上、不满18周岁的未成年人进入社会，其年龄小、文化水平低，不具有专业技能，就业比较困难，造成未成年人变成社会无业游民。即使就业，也是从事强度大、收入低的低端职业。这部分人缺乏生活来源，又不愿从事艰苦的工作，思想空虚，变为无人管理、无家庭约束的特殊群体，在社会游逛中，极容易走上违法犯罪道路。还有一部分未成年人，在兼职或者全职工作中被不法分子教唆和利用，从而走上犯罪的道路。

【案例7.6】女孩小吴，17周岁，是某职业高中三年级的学生。为了挣零花钱，小吴寻找兼职的工作。但她学历低，也没有一技之长，只能做一些低薪的工作。一日，小吴的同学美美介绍她到一家网络科技公司做兼职，说工资待遇很优厚。小吴并没有过多询问兼职工作的性质和内容就欣然答应下来。入职该网络科技公司后，主管给了小吴一份入职培训文件。文件中详细写明了如何开展诈骗工作，例如用哪些软件找人，找到人如何用虚拟的主播身份与对方聊天，如何说服对方刷礼物等。小吴当即意识到这份工作具有欺诈的性质，遂想离职，但美美劝她留下。小吴为了不辜负美美的好意，开始在主管的指导下"努力工作"——她使用虚假身份在某社交软件上寻找男性并与其聊天，进而在网络中发展为恋人关系，告知对方自己的工作为主播或者兼职主播，诱导对方在公司主播的直播间花钱刷礼物。小吴在工作之余也非常担心和害怕，但主管安慰她说："客户们都是自愿充值的，客户充得越多，你提成越多；而且就算警察发现，也是公司承担责任。"主管的承诺让小吴释怀，认为即便出事也无须自己担责，所以继续从事该工作直至案发。案发后，小吴非常后悔，希望通过赔偿被害人的经济损失弥补自身的过错。谈到今后，小吴表示要积极改造，早日回归社会。

案例7.6中，小吴以非法占有为目的，以虚构事实、隐瞒真相的方式骗取他人财物，数额较大，其行为已经触犯了《刑法》第二百六十六条、第二十五条第一款的规定，应当以诈骗罪追究其刑事责任。

学习任务三　预防未成年人犯罪的对策

（一）重视家庭教育

重视原生家庭潜移默化的教育作用，构建和谐的家庭关系和保证完整的家庭结构是良好家庭氛围的基础，也是未成年人感受家庭温暖、提升幸福感的关键因素。为未成年人创造良好、和睦、文明的家庭环境，《未成年人保护法》第二章专门规定了家庭对未成年人的保护。父母日常与未成年人相处应该注意自身言行，引导未成年人树立正确的"三观"。家庭要树立正确的教育观，要重视疏导和沟通，既不溺爱，也不粗暴，要注意方式方法，针对孩子在不同成长阶段的特点采用不同的教育方式。要了解掌握子女成长的思想动态与心理需求，及时发现他们的不良思想和行为并加以纠正。关注未成年人学习的同时，更应当关注孩子德、智、体、美、劳全面发展和心理健康，引导未成年人正确调节愤怒、报复等消极情绪或心理。

（二）完善学校教育

虽然目前我国大部分学校开始重视学生的全面发展，但是仍有部分学校主要精力用在抓升学率，忽视学生法律素质、道德品质的教育。《未成年人保护法》第二十五条规定："学校应当全面贯彻国家教育方针，坚持立德树人，实施素质教育，提高教育质量，注重培养未成年学生认知能力、合作能力、创新能力和实践能力，促进未成年学生全面发展。"因而落实学校素质教育，任重道远。《未成年人保护法》第三十条规定："学校应当根据未成年学生身心发展特点，进行社会生活指导、心理健康辅导、青春期教育和生命教育。"可见学校的法治课程要联系学生学习生活实际普及法律知识，探索新时期学生法制教育的新思路，采取新措施。生理卫生课程要完善青春期生理卫生知识的教育和辅导，要改变传统观念的性教育、青春期知识教育观念，重视学生青春期生理心理的健全发展，教育学生形成青春期生理心理的调节控制能力。学校加强对落后生、心理有问题学生等的帮助教育工作，转变教育思路，不以成绩论英雄，发掘落后生的优点，激发学生上学的动力。特别对有暴力倾向的学生要格外重视，对打架或者违纪学生的处理不能以开除了之，将未成年人过早推向社会，应确保每位学生学业、道德素质"双毕业"。

(三) 强化社会保护

各社会团体、群众组织、全体社会成员要关注留守、贫困、辍学等特殊未成年人的成长,相互配合,形成统一阵线,采取有针对性的措施,控制、减少和清除未成年人犯罪这一社会顽疾。《未成年人保护法》第四十二条规定"国家鼓励、支持和引导人民团体、企业事业单位、社会组织以及其他组织和个人,开展有利于未成年人健康成长的社会活动和服务",鼓励全社会形成保护未成年人的良好风尚。

(四) 打造天朗气清的网络空间

要打造未成年人健康成长的环境,大力支持有利于未成年人身心健康的游戏、文艺、文学作品,严格查处宣扬损害未成年人身心健康的暴力、色情的影视、书刊。社会各类责任主体在执行《未成年人保护法》各项制度的基础上,结合当地实际,细化维护未成年人的合法权益的规定,采取多种有效手段清除和过滤网络不良文化,为未成年人建设"天朗气清、生态良好"的网络空间,切实增强未成年人科学、文明、安全、合理使用网络的意识和能力,保障未成年人在网络空间的合法权益。

(五) 健全政府和司法对未成年人的保护

《未成年人保护法》与《预防未成年人犯罪法》修订后,对未成年人的司法保护体制机制取得了重大进步。从公安机关的侦查、检察机关的起诉到法院的审判,再到监狱机关的执行,全流程的融通发力,使未成年人特殊权益保护得到深化。要更早预防未成年人犯罪,更好教育挽救未成年罪犯,就要建立健全政府保护未成年人机制,公安、检察、法院等司法部门应相互配合,建立、完善以教育挽救为主,既严格打击未成年人犯罪,又有利于其改过自新的保护制度。

学习任务四　未成年犯矫治工作实务

《中华人民共和国监狱法》规定:"对未成年犯执行的刑罚应当以教育改造为主。"《未成年犯管教所管理规定》规定:"未成年犯管教所贯彻'惩罚和改造相结合,以改造人为宗旨和教育、感化、挽救'的方针,将未成年犯改造成为具有一定文化知识和劳动技能的守法公民。"《未成年人保护法》第一百一十三条规定:"对违法犯罪的未成年人，实行教育、感化、挽救的方针，坚持教育为主、惩罚为辅的原则。"可见未成年犯管教所（以下简称"未管所"）对未成年罪犯的管理，应当围绕挽救未成年人为主线，开展教育矫治工作。

（一）充分发挥家庭在未成年犯矫正中的作用

家庭教育是教育的一种基本形式，是整个教育体系的重要组成部分。家庭对未成年犯较之学校、社会更直接、更有效、更重要，其地位是无法替代的。家庭教育与未管所教育矫治有效地配合，对矫正其思想和行为方面的偏差，起着不可忽视的作用。未成年犯管教所应尽量与未成年犯家庭成员做好沟通，争取他们参与到未成年犯的矫正工作中来，给予未成年犯"希望"，帮助他们找回生活的信心，让他们不会感觉孤单、无助。用来自家庭亲人的教育、感化弥补民警教育改造过程中的不足，从而教育、感化、挽救未成年犯。

（二）加强对未成年犯的思想道德教育

未成年人管教所结合开展的"经史合参""传统礼仪"等传统文化教育，坚持以罪犯素质教育为基础，深化纠正错误"三观"教育引导。根据未成年犯文化程度、犯罪情况、心理等特点，通过因人施教，进行多层次、多方位思想道德教育，调动未成年犯学做人、学知识的积极性，帮助他们逐步树立正确的人生观、价值观。

（三）加强心理矫治和生活技能训练

未成年犯在成长过程中普遍存在心理问题，针对未成年犯的心理特点及实际需求，未管所开展心理健康教育、心理咨询、危机干预、团体辅导等心理矫治，有针对性地开展生活技能训练，促进其心理成熟与人格健康发展，结合日常教育改造以及劳动改造的辅助矫治作用，巩固心理咨询的成果。使他们克服不健康心理，树立正确的服刑观，重拾美好生活的信心。

（四）对未成年犯进行文化知识教育

通过前文对未成年犯文化程度的分析，可以看出文化程度越低，犯罪率越高，因此对未成年犯进行文化教育，提高其文化水平，不仅是教育改造的需要，更是一次立足眼前、着眼未来的基础教育，实现"以文化人、以文育人、以文塑人"目的。

（五）对未成年犯进行职业技术教育

前文分析，大部分未成年犯过早辍学，没有一技之长，基本上没有职业经历，因而加强对他们进行职业技术教育，使他们学会一定的职业技能，也是预防和减少他们重新犯罪的主要手段。未成年犯管教所根据罪犯的学历、刑期、被捕前职业，开设多门类、多专业的技术培训。刑释前强化就业帮扶和指导，根据他们所学专业和技术水平，向劳务市场和用人单位推荐。《未成年人保护法》第一百一十三条第二款规定，对违法犯罪的未成年人依法处罚后，在升学、就业等方面不得歧视，职场也应对未成年犯刑满释放再就业多些包容和指导，力争使他们刑释后尽快就业。

未成年人犯罪预防矫治工作涉及的部门包括未成年犯管家所、司法行政部门、检察机关、人民法院、公安部门、教育部门、民政部门等。

☐ 请思考如何预防未成年人犯罪。
☐ 请思考在改造未成年犯时着重从哪些方面开展。
☐ 请思考如何进一步减少不良网络信息对未成年人的影响。

专题实训

请根据所学内容开展一次针对预防未成年人犯罪的普法活动。要求：有普法活动策划案，普法现场照片及总结。

法条链接

《刑法》第十七条　已满十六周岁的人犯罪，应当负刑事责任。

已满十四周岁不满十六周岁的人，犯故意杀人、故意伤害致人重伤或者死亡、强奸、抢劫、贩卖毒品、放火、爆炸、投放危险物质罪的，应当负刑事责任。

已满十二周岁不满十四周岁的人，犯故意杀人、故意伤害罪，致人死亡或者以特别残忍手段致人重伤造成严重残疾，情节恶劣，经最高人民检察院核准追诉的，应当负刑事责任。

《未成年人保护法》第二十五条　学校应当全面贯彻国家教育方针，坚持立德树人，实施素质教育，提高教育质量，注重培养未成年学生认知能力、合作能力、创新能力和实践能力，促进未成年学生全面发展。

学校应当建立未成年学生保护工作制度，健全学生行为规范，培养未成年学生遵纪守法的良好行为习惯。

《未成年人保护法》第三十条　学校应当根据未成年学生身心发展特点，进行社会生活指导、心理健康辅导、青春期教育和生命教育。

《未成年人保护法》第一百一十三条第一款　对违法犯罪的未成年人，实行教育、感化、挽救的方针，坚持教育为主、惩罚为辅的原则。

《监狱法》第七十五条　对未成年犯执行刑罚应当以教育改造为主。未成年犯的劳动，应当符合未成年人的特点，以学习文化和生产技能为主。

监狱应当配合国家、社会、学校等教育机构，为未成年犯接受义务教育提供必要的条件。

《未成年犯管教所管理规定》第三条　未成年犯管教所贯彻"惩罚和改造相结合，以改造人为宗旨"和"教育、感化、挽救"的方针，将未成年犯改造成为具有一定文化知识和劳动技能的守法公民。

学习模块八

涉未成年人刑事案件观护帮教工作实务

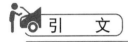
引 文

  2023年6月1日最高人民检察院发布的《未成年人检察工作白皮书（2022）》显示，2020年至2022年，检察机关受理审查起诉14周岁至16周岁的未成年犯罪嫌疑人数分别为5 259人、8 169人、8 710人，分别占受理审查起诉未成年犯罪嫌疑人总数的9.57%、11.04%、11.1%。未成年人犯罪总体呈上升趋势、低龄未成年人犯罪占比上升等问题的根源，很大程度上与未成年人罪错行为分级干预机制不健全有关，很多前期的不良行为未能得到有效矫治。最高人民检察院党组副书记、常务副检察长童建明参加调研活动时指出，当前正在制定的《未成年人罪错行为分级干预实施办法》已进入征求意见阶段，检察机关将尽快推动出台，细化分级干预措施。同时借助专业社会力量，提高不捕、不诉、附条件不起诉后的精准帮教水平。共建共享观护帮教资源，完善观护帮教工作体系，进一步做实涉罪未成年人教育矫治工作。

  2023年7月新华社记者从最高人民检察院获悉，2023年1月至6月，全国检察机关共批准逮捕未成年犯罪嫌疑人9 400余人，不捕2万余人，不捕率为67.9%。同期，对侵害未成年人犯罪批准逮捕2.3万人。据介绍，检察机关坚持依法惩戒和精准帮教相结合，最大限度教育挽救涉罪未成年人。2023年1月至6月，检察机关对未成年犯罪嫌疑人做附条件不起诉1.4万人，促推专门学校建设和专门教育工作，有效矫治教育罪错未成年人。此外，2023年1月至6月，检察机关通过帮教回访、心理疏导、家庭教育指导等形式对不批捕、不起诉、被判处刑罚、未达刑事责任年龄不受刑事处罚等未成年人开展特殊预防2 500余次，开展法治巡讲8 800余次。

 学习目标

知识目标：掌握涉未成年人刑事责任年龄，知道观护帮教工作在实体法和程序法中的体现。了解附条件不起诉的含义、作用和意义。知道预防未成年人犯罪综合治理的内涵和职责。熟悉有关涉未成年人刑事案件的法律法规和政策，特别是关于观护帮教的法律规定。知道刑事案件中未成年被害人的法律保护手段。

能力目标：能够运用所学知识分析涉未成年人刑事案件，确定合适的观护帮教措施。能够与涉案未成年人及其家庭进行有效沟通，建立信任关系，开展帮教工作。能够与公安、检察、法院等相关部门协作，共同推进观护帮教工作的实施。能够根据案件进展和未成年人变化，适时调整观护帮教计划，确保工作效果。

素养目标：树立以人为本的工作理念，尊重涉案未成年人的人格尊严和合法权益。培养高度的社会责任感和职业道德感，致力于未成年人的矫治和成长。具备耐心、细心和爱心，能够用心倾听、理解并引导涉案未成年人走向正途。

 课堂讨论

请谈谈你所了解的涉罪未成年人观护帮教工作，谈谈观护帮教工作中有哪些难点。

学习任务一　涉罪未成年人的刑事责任年龄问题

刑事责任年龄，即法律规定行为人应负刑事责任的年龄，是刑事责任能力的条件之一，根据人的生理与心理发展成熟度及社会化水平确定。依照刑事法律规定，凡达到一定年龄、精神正常者实施犯罪行为，应负刑事责任。

我国《刑法》第十七条规定：

已满十六周岁的人犯罪，应当负刑事责任。

已满十四周岁不满十六周岁的人，犯故意杀人、故意伤害致人重伤或者死亡、强奸、抢劫、贩卖毒品、放火、爆炸、投放危险物质罪的，应负刑事责任。

已满十二周岁不满十四周岁的人，犯故意杀人、故意伤害罪，致人死亡或者

以特别残忍手段致人重伤造成严重残疾，情节恶劣，经最高人民检察院核准追诉的，应当负刑事责任。

对依照前三款规定追究刑事责任的不满十八周岁的人，应当从轻或者减轻处罚。

因不满十六周岁不予刑事处罚的，责令其父母或者其他监护人加以管教；在必要的时候，依法进行专门矫治教育。

根据这一规定，认定未成年人犯罪应当注意以下几点：

第一，不满12周岁，实施任何危害社会的行为，均不负刑事责任；

第二，已满12周岁不满14周岁的人，以特别残忍手段故意杀人、故意伤害致人死亡或者致人重伤造成严重残疾，情节恶劣，经最高人民检察院核准追诉的，负刑事责任；

第三，已满14周岁不满16周岁，实施8种严重犯罪行为（故意杀人、故意伤害致人重伤或者死亡、强奸、抢劫、贩卖毒品、放火、爆炸、投放危险物质罪）的，负刑事责任；

第四，已满16周岁，实施任何危害社会的行为构成犯罪的，均应承担刑事责任；

第五，不满18周岁构成犯罪的，应当从轻或者减轻处罚。

除此之外，根据刑法第四十九条规定，犯罪时不满18周岁的不适用死刑。

【案例8.1】某日晚，被告人翟某（14岁零2个月）到其五奶张某（殁年45岁）家中看电视，其间因张某发出了笑声，翟某认为张某是在嘲笑自己家庭不和睦，遂拿起茶几上的切菜刀，绕到张某身后，用菜刀朝张某颈部连砍两刀，致其颈脊椎、血管离断大失血而死亡。一审判处无期徒刑，翟某上诉至二审法院。二审法院认为上诉人翟某故意非法剥夺他人生命，致人死亡，其行为已构成故意杀人罪。翟某持刀杀死无辜被害人，作案手段残忍，应予严惩。鉴于其作案时系未成年人、积极赔偿、认罪悔罪的情节，可对其从轻处罚，改判为有期徒刑15年。

案例8.1中，被告人翟某，故意杀人手段残忍，但因刚满14周岁，符合刑法第十七条第三款、第四款和第四十九条的规定，构成故意杀人罪，应当负刑事责任，但因被告不满18周岁，不适用死刑，应当从轻减轻处罚。

学习任务二　观护帮教涉罪未成年人工作在程序法律中的体现——附条件不起诉北京模式

【案例 8.2】 15 周岁的晨曦（化名）是山西某技校学生。毕业前，被派到北京进行毕业实习。某晚，在实习单位的宿舍，晨曦因为怀疑被舍友偷拍，与舍友发生了争执。舍友的姐姐也加入其中，争执演变成了扭打。处于下风的晨曦随手抓起床边的马扎将舍友姐姐砸成了面部骨折。由于晨曦未满 18 周岁，本着教育、感化、挽救的工作方针，检察院依照诉讼法规定，对晨曦做出了"附条件不起诉"的决定。经协调，晨曦将会在某观护基地得到一个实习的机会，度过为期 6 个月的考察期，从而让她在北京重新融入社会。一个月后，晨曦已经适应了观护基地的生活和工作并开始学习文秘技能。其间，经过心理疏导，晨曦的防御心理有了很大改善，隔两三天还会给妈妈打电话让其放心。当被问到以后，晨曦回答说："我现在觉得北京挺好的，我想留在这里继续工作。"

（一）附条件不起诉的含义

新修订的《中华人民共和国刑事诉讼法》（以下简称《刑事诉讼法》）专设未成年人刑事案件诉讼程序一章，新增了对未成年人的附条件不起诉制度。附条件不起诉，是指对于未成年人涉嫌侵犯他人人身权利、侵犯他人财产权利、妨害社会管理秩序的犯罪的，可能判处一年有期徒刑以下刑罚，符合起诉条件，但有悔罪表现的，人民检察院可以做出附条件不起诉决定，并附六个月以上一年以下的考验期。

（二）附条件不起诉的作用与意义

"不起诉"，并不意味着未成年人触犯法律之后可以不了了之。反之，"附条件"是让涉罪的未成年人通过一些必要的考察帮教措施认识到自己的错误，从而找到走向未来的"正能量"。

"附条件不起诉"反映了"挽救比惩罚更重要"。该制度有利于人民法院减少审判负担，提高诉讼效率，节省诉讼资源，最重要的是有利于避免定罪量刑给未成年人带来的消极影响，有利于未成年人回归社会。附条件不起诉的实施效果与社会力量的参与程度密切相关。这项制度已经帮助很多误入歧途的孩子重返社会，走上正道。

(三) 对附条件不起诉的未成年人的观护帮教工作——北京模式

近年来，北京团市委积极发挥首都综治委预防青少年违法犯罪工作领导小组（以下简称"预青组"）和北京市未成年人保护委员会（以下简称"未保委"）两个政策平台的作用，与首都综治办联合公检法司部门，积极推动市有关部门，健全机构设置，配齐工作人员，出台工作意见和规定，形成了比较完备的未成年人刑事案件配套体系，在全国率先建成"1+6+3"涉诉未成年人服务保护体系，北京模式初现雏形。

第一，出台专项文件，加强顶层设计。早在2014年，北京团市委就联合"预青组"和北京市人民检察院，专门出台《北京市涉罪未成年人附条件不起诉监督考察工作实施办法（试行）》（首综委预青组联发〔2014〕2号），全面贯彻落实对犯罪未成年人"教育、感化、挽救"的方针及"教育为主、惩罚为辅"的原则，预防和减少未成年人犯罪，对附条件不起诉的具体执行进行明确的规定，起到了很好的作用。

第二，整合各方资源，建设观护基地。2014年起，在全市各级共青团的大力协助下，北京市已建立起覆盖全市16区的23家"附条件不起诉"观护基地，为各级检察机关对附条件不起诉的涉罪未成年人提供进行考察、教育和矫治的机会。这些基地有餐饮企业、文创企业、社会组织等，很多居（村）民委员会也承担了观护单位的职责，被送到基地的涉罪未成年人有了一个稳定的改造环境，参加劳动的还能得到报酬。可以说，北京为附条件不起诉的涉罪未成年人提供了良好的帮教环境。

第三，加强技能培训，提高适应社会能力。在观护基地，观护单位注重对观护对象的技能培训，旨在提高观护对象回归社会的能力。观护单位会安排专人对考察对象开展帮教、技能培训、社会实践和生活辅导等有益于涉罪未成年人重新回归社会的活动和内容，重点做好法制教育、心理矫正、戒瘾治疗、公益活动、知识学习与技能培训、假日生活辅导等内容的工作。

第四，多部门齐抓共管，形成帮教合力。在人民检察院做出附条件不起诉决定后，检察机关会专门成立由案件承办人、未成年犯罪嫌疑人的监护人、观护单位、社会帮教机构和专业司法社工组成的考察小组。考察小组会与考察对象签订书面考察协议，约定各方责任；同时，多单位、多部门共同制订考察计划及方案，形成帮教档案，确保对涉罪未成年人的管教和帮扶起到应有的作用。

据统计，自《刑事诉讼法》设立"未成年人刑事案件诉讼程序"专章以来，北京市对涉嫌犯罪的387名涉罪未成年人做出了附条件不起诉处理。其中，已考察结束的

172 人中，仅有 9 人被检察机关做出了起诉处理，有 163 人顺利通过考察，这意味着 94.77% 的附条件不起诉对象已成功回归社会。

案例 8.2 中，晨曦因犯罪行为情节较轻而被检察院做出附条件不起诉的决定。所谓"6 个月的考察期间"，就是通过观护单位和案件承办人等各方机构共同帮教，使晨曦最终平稳回归社会。

学习任务三　观护帮教涉罪未成年人工作在实体法律中的体现——预防未成年人犯罪综合治理

（一）预防未成年人犯罪综合治理的内涵

为了保障未成年人身心健康，培养未成年人良好品行，有效地预防未成年人犯罪，立足于教育和保护，从小抓起，对未成年人的不良行为及时进行预防和矫治，预防未成年人犯罪，在各级人民政府组织领导下，实行综合治理。

政府有关部门、司法机关、人民团体、有关社会团体、学校、家庭、城市居民委员会、农村村民委员会等各方面共同参与，各负其责，做好预防未成年人犯罪工作，为未成年人身心健康发展创造良好的社会环境。

（二）预防未成年人犯罪综合治理的职责

各级人民政府在预防未成年人犯罪方面的职责是：第一，制定预防未成年人犯罪工作规划；第二，组织公安、教育、民政、文化和旅游、市场监督管理、网信、卫生健康、新闻出版、电影、广播电视、司法行政等有关部门开展预防未成年人犯罪工作；组织、协调公安、教育、文化、新闻出版、广播电影电视、工商、民政、司法行政等政府有关部门和其他社会组织进行预防未成年人犯罪工作；第三，为预防未成年人犯罪工作提供政策支持和经费保障；第四，对本法实施的情况和工作规划的执行情况进行检查；第五，组织开展预防未成年人犯罪宣传教育；第六，其他预防未成年人犯罪工作职责。

国家加强专门学校建设，对有严重不良行为的未成年人进行专门教育。

公安机关、人民检察院、人民法院、司法行政部门应当由专门机构或者经过专业培训、熟悉未成年人身心特点的专门人员负责预防未成年人犯罪工作。

共产主义青年团、妇女联合会、工会、残疾人联合会、关心下一代工作委员会、青年联合会、学生联合会、少年先锋队以及有关社会组织，应当协助各级人民政府及其有关部门、人民检察院和人民法院做好预防未成年人犯罪工作，为预防未成年人犯罪培育社会力量，提供支持服务。

未成年人的父母或者其他监护人对未成年人的预防犯罪教育负有直接责任，应当依法履行监护职责，树立优良家风，培养未成年人良好品行；发现未成年人心理或者行为异常的，应当及时了解情况并进行教育、引导和劝诫，不得拒绝或者怠于履行监护职责。

教育行政部门、学校应当将预防犯罪教育纳入学校教学计划，指导教职员工结合未成年人的特点，采取多种方式对未成年学生进行有针对性的预防犯罪教育。

预防未成年人犯罪是一项综合治理的庞大工程，需要政府、司法、公安、民政、财政、各类教育机构、文化媒体、工商管理部门、共青团组织、少先队组织，以及未成年人保护委员会、预防青少年违法犯罪专项工作组等机构齐抓共管、共同出力。但是，多头共管往往会出现谁都不管或者互不配合的局面，这就需要构建一个上下通达的体系，建立科学完善的运行机制。

作为相关综合治理部门，应当利用所处的特定工作位置与资源，协调各方关系开展工作；无论是对于孤儿、困境儿童、困境家庭儿童，还是普通儿童，可能潜在或出现的犯罪风险，在帮扶过程中，均应当特别留意观察和引导；根据刑法中刑事责任年龄及其他相关规定，潜移默化地指导未成年人避免实施相关的犯罪行为。

学习任务四　刑事案件中未成年被害人的法律保护

【案例 8.3】2019 年，湖北某县发生了一起强奸案，被害人小芹（化名）是名 13 岁的女孩，犯罪人利用女孩子爱吃零食的弱点，经常以给零花钱、买零食为诱饵，多次对女孩实施奸淫。法院依法从重判处了罪犯无期徒刑。未成年被害人小芹案发后一直感到害怕、恐惧，待在家里不愿上学。当家里有人到访时，小芹甚至躲在房间里，不愿与人接触，也不说话。

（一）刑事案件中未成年被害人保护概述

被害人是刑事诉讼的启动因素之一，也是刑事诉讼所要保护的直接对象。在司法实践中，人们始终对犯罪人和犯罪行为加以重视和关心，因为犯罪人和犯罪行为具有很大的社会危险性，容易给社会造成恐慌。而被害人处于弱者地位，是没有犯罪人的这种危险倾向的，社会为此不必担心。因此在刑事诉讼中被害人的当事人地位往往被大大地忽略了。许多刑事案件的被害人除了其陈述被作为一种证据来使用外，几乎没有参与诉讼的实际权利，刑事被害人的弱势地位因此更为堪忧。他们不仅受到犯罪行为的侵害，而且在追溯犯罪的过程中往往因为无法及时了解案件进展而不能维护自己的合法权益。

刑事诉讼中的未成年被害人，所受到的伤害要比成年人大得多，甚至其所受的伤害是一生都挥之不去的。青少年被害人由于遭受到犯罪行为的侵害，不仅身体受到严重的损伤，精神上也留下了难以愈合的伤疤，甚至经济上也有可能陷于极度的困境，三者压力之下，如果没有一个有效的制度来维护他们的权益，那么不仅不利于他们自身的成长，也不利于社会的稳定。

当前未成年被害人案件以家庭虐待、校园霸凌等伤害案件和性侵害案件为主。"女童保护"团体自2013年起统计媒体公开曝光的性侵儿童案例，2020年报告案例332起，同比上年增长超过10%。除2013年统计数据为125起，自2014年至2020年，每年统计数据未低于300起，体现了儿童被性侵现状的严峻形势。针对青少年的伤害案件，可以说是屡见不鲜。

我国宪法明确规定"儿童受国家保护"。1991年，我国加入《儿童权利公约》，随之制定了第一部保护未成年人的专门法律《中华人民共和国未成年人保护法》。此外，国家还出台了《中华人民共和国义务教育法》《中华人民共和国母婴保健法》《中华人民共和国收养法》《中华人民共和国教育法》等有关儿童保护的专门法律。在已有法律和政策框架下，国务院于2021年颁布了今后10年全面推动儿童权利保护的基础性文件《中国儿童发展纲要（2021—2030年）》（以下简称《纲要》），《纲要》在儿童与健康15、儿童与安全12、儿童与教育13、儿童与福利14、儿童与家庭9、儿童与环境12和儿童与法律保护14等七个方面提出了具体目标与89项策略措施。《纲要》的发布体现了国家对儿童生存、发展、受保护和参与等各项权利的尊重。根据联合国《儿童权利公约》的规定，儿童是指不满18周岁的人。《纲要》将儿童界定为不满18周岁的人，与公约的规定相一致，同时也和我国《未成年人保护法》中未成年人相一致。因此可见，无论在法律还是政策层面，对儿童的保护就是对未成年人的保护。

（二）刑事案件中未成年被害人保护的法律手段

我国《刑法》，作为其他部门法的保护法，规定了若干侵犯未成年人权益的罪名，相关犯罪在诉讼过程中往往会牵扯被害未成年人参与案件的调查取证和庭审，这一过程对未成年被害人的身心影响不言而喻，虽然在程序法律的条文中没有具体到未成年被害人保护的规定，但是全国各地方公检法系统都会同共青团组织、未成年人保护组织制定了多角度保护的具体措施，在细节处关爱、保护、帮扶未成年被害人。

1. 身份信息保护

北京法院系统平衡兼顾参与型司法理念和被害人信息保护，推广完善视频出庭、远程作证等特殊举证方式，防止出庭作证对未成年被害人造成恐惧心理、情绪压力等"二次伤害"，科学助力未成年被害人的身心保护。

2. 法律援助

江西省鹰潭市月湖区人民检察院 2015 年 3 月与区司法局联合签订《刑事被害人法律援助机制》，当被害人未成年且无力聘请代理人时，及时将案件信息通报法律援助部门，为未成年被害人争取法律援助，减轻各种损害，增强未成年被害人揭发和指控犯罪的能力，依法获得经济赔偿。

3. 特殊保护

多地检察机关推动公安机关建立未成年被害人"一站式"取证和保护制度，避免重复取证带来的二次伤害；如月湖区人民检察院与公安机关会签《关于提前介入性侵害未成年人案件工作实施意见》，加强性侵害未成年人案件的侦查活动监督和引导侦查取证。

4. 心理疏导

针对未成年被害人的情绪困扰和心理危机，各地方法院检察院探索由具备心理咨询师资格的法官、检察官先行疏导，专业心理咨询师为主导，引导监护人共同干预的"内外结合"多层级工作模式，将心理疏导工作机制贯穿庭前调查、参与调解、判后抚慰的诉讼全过程，帮助被害人及其监护人修复心理创伤。对未成年被害人案件，月湖区人民检察院选择责任心强、经验丰富的办案人员承办案件，对涉及个人隐私案件的女性未成年被害人，由女性承办人询问、女性咨询师开导疏导，并尽可能地通知其女性近亲属在场，缓解未成年被害人的心理压力。为帮助未成年被害人早日摆脱心理阴影，未检科设立了心理咨询室，布置舒适温馨的环境，并与鹰潭市心理协会联系，通过心理咨询师为未成年被害人免费提供心理咨询及矫治。

5. 执行跟踪督促机制

北京法院系统为确保未成年被害人的经济赔偿款落实到位，审判部门与执行部门联动设立"绿色通道"，合力推动刑事附带民事判决执行款及早履行给付。

（三）帮扶未成年被害人的保护工作

对于家庭虐待、校园欺凌等伤害案件和性侵害案件的未成年被害人，最大的影响是身体和心理的影响。未成年人心智尚不足够成熟，面对多为隐私型侵害案件，很难通过主动倾诉调整心态，往往将受到的侵害放在心中压抑，而诉讼程序需要的反复陈述案情二次伤害未成年被害人。青少年工作者在此过程中可以协调心理咨询机构，会同未成年人保护委员会，共同参与未成年被害人的诉讼过程，根据个案情况为未成年被害人提供相应帮扶。特别是针对农村留守儿童、城市外来流动人口儿童，在没有父母监护以及父母难以提供良好保护的情况下，青少年工作者可以提供更全面的帮扶和保护。

早在2013年，北京市朝阳区就作为试点参加了北京未成年人社会保护试点工作。试点的目的是针对遇到生存困难、监护困难以及成长障碍的儿童，采取有效的措施，切实保障儿童的合法权益。试点采取的措施包括建立儿童社区保护网络、加强家庭监护服务和监督、保护受伤害儿童、开展困境儿童帮扶工作、健全儿童社会保护工作机制。其中涉及最急需解决的儿童保护制度问题，如在保护受伤害未成年人部分，明确提出了建立受伤害未成年人的发现、报告和响应机制，为未成年人提供及时保护、心理疏导、法律援助等服务，落实国家监护责任。

案例8.3中，曾获国家二级心理咨询师资格的该市检察院未成年人检察处的检察官在办案的同时为小芹提供司法保护，对其进行了心理疏导和入学安置。为了让她尽快返回学校更好地学习和融入校园生活，相关人员还陪着她一起阅读，帮助小芹在较短的时间内尽快走出阴影。考虑到小芹家庭经济困难，且被告人又无法及时进行经济赔偿，检察官向该院综合检察部建议为小芹家提供司法救助。1万元司法救助申请很快得到了批复，并送到了小芹家中。

所涉及部门

在附条件不起诉工作中，所涉及部门包括综治委预防青少年违法犯罪工作领导小组、未成年人保护委员会、各级检察机关、观护基地；在综合治理工作中，所涉及部门包括综治委预防青少年违法犯罪工作领导小组、未成年人保护委员会、公安司法行政部门、人民法院、人民检察院、教育行政部门、学校、共青团组织、少先队组织等；在帮扶未成年被害人工作中，所涉部门主要包括法律服务机构、未成年人保护委员会、人民法院、人民检察院等。

思考题

- 请思考如何开展观护帮教对附条件不起诉的涉罪未成年人的工作。
- 请思考如何开展预防未成年人犯罪综合治理工作。
- 请思考在刑事案件中对未成年被害人的保护可以通过哪些工作展开。

专题实训

请根据所学内容开发一个具体的针对涉罪未成年人或未成年被害人的观护帮教保护项目。要求：撰写项目开发策划案，策划案包括但不限于以下各项：项目目的、帮扶对象、项目所涉及社会资源、项目的内容、项目中应当注意的法律问题。

法条链接

《刑法》第十七条　已满十六周岁的人犯罪，应当负刑事责任。

已满十四周岁不满十六周岁的人，犯故意杀人、故意伤害致人重伤或者死亡、强奸、抢劫、贩卖毒品、放火、爆炸、投毒罪的，应当负刑事责任。

已满十二周岁不满十四周岁的人，犯故意杀人、故意伤害罪，致人死亡或者以特别残忍手段致人重伤造成严重残疾，情节恶劣，经最高人民检察院核准追诉的，应当负刑事责任。

对依照前三款规定追究刑事责任的不满十八周岁的人，应当从轻或者减轻处罚。

因不满十六周岁不予刑事处罚的，责令其父母或者其他监护人加以管教；在必要的时候，依法进行专门矫治教育。

《刑法》第四十九条　犯罪的时候不满十八周岁的人和审判的时候怀孕的妇女，不适用死刑。

《刑法》第六十五条　被判处有期徒刑以上刑罚的犯罪分子，刑罚执行完毕或者赦免以后，在五年以内再犯应当判处有期徒刑以上刑罚之罪的，是累犯，应当从重处罚，但是过失犯罪和不满十八周岁的人犯罪的除外。

《刑法》第七十二条　对于被判处拘役、三年以下有期徒刑的犯罪分子，同时符合下列条件的，可以宣告缓刑，对其中不满十八周岁的人、怀孕的妇女和已满七十五周岁的人，应当宣告缓刑：

（一）犯罪情节较轻；

（二）有悔罪表现；

（三）没有再犯罪的危险；

（四）宣告缓刑对所居住社区没有重大不良影响。

宣告缓刑，可以根据犯罪情况，同时禁止犯罪分子在缓刑考验期限内从事特定活动，进入特定区域、场所，接触特定的人。

被宣告缓刑的犯罪分子，如果被判处附加刑，附加刑仍须执行。

《刑事诉讼法》第二百七十七条　对犯罪的未成年人实行教育、感化、挽救的方针，坚持教育为主、惩罚为辅的原则。

人民法院、人民检察院和公安机关办理未成年人刑事案件，应当保障未成年人行使其诉讼权利，保障未成年人得到法律帮助，并由熟悉未成年人身心特点的审判人员、检察人员、侦查人员承办。

《刑事诉讼法》第二百七十八条　未成年犯罪嫌疑人、被告人没有委托辩护人的，人民法院、人民检察院、公安机关应当通知法律援助机构指派律师为其提供辩护。

《刑事诉讼法》第二百七十九条　公安机关、人民检察院、人民法院办理未成年人刑事案件，根据情况可以对未成年犯罪嫌疑人、被告人的成长经历、犯罪原因、监护教育等情况进行调查。

《刑事诉讼法》第二百八十条　对未成年犯罪嫌疑人、被告人应当严格限制适用逮捕措施。人民检察院审查批准逮捕和人民法院决定逮捕，应当讯问未成年犯罪嫌疑人、被告人，听取辩护律师的意见。

对被拘留、逮捕和执行刑罚的未成年人与成年人应当分别关押、分别管理、分别教育。

《刑事诉讼法》第二百八十一条　对于未成年人刑事案件，在讯问和审判的时候，应当通知未成年犯罪嫌疑人、被告人的法定代理人到场。无法通知、法定代理人不能到场或者法定代理人是共犯的，也可以通知未成年犯罪嫌疑人、被告人的其他成年亲属，所在学校、单位、居住地基层组织或者未成年人保护组织的代表到场，并将有关情况记录在案。到场的法定代理人可以代为行使未成年犯罪嫌疑人、被告人的诉讼权利。

到场的法定代理人或者其他人员认为办案人员在讯问、审判中侵犯未成年人合法权益的，可以提出意见。讯问笔录、法庭笔录应当交给到场的法定代理人或者其他人员阅读或者向他宣读。

讯问女性未成年犯罪嫌疑人，应当有女工作人员在场。

审判未成年人刑事案件，未成年被告人最后陈述后，其法定代理人可以进行补充陈述。

询问未成年被害人、证人，适用第一款、第二款、第三款的规定。

《刑事诉讼法》第二百八十二条　对于未成年人涉嫌刑法分则第四章、第五章、第六章规定的犯罪，可能判处一年有期徒刑以下刑罚，符合起诉条件，但有悔罪表现的，人民检察院可以做出附条件不起诉的决定。人民检察院在做出附条件不起诉的决定以前，应当听取公安机关、被害人的意见。

对附条件不起诉的决定，公安机关要求复议、提请复核或者被害人申诉的，适用本法第一百七十九条、第一百八十条的规定。

未成年犯罪嫌疑人及其法定代理人对人民检察院决定附条件不起诉有异议的，人民检察院应当做出起诉的决定。

《刑事诉讼法》第二百八十三条　在附条件不起诉的考验期内，由人民检察院对被附条件不起诉的未成年犯罪嫌疑人进行监督考察。未成年犯罪嫌疑人的监护人，应当对未成年犯罪嫌疑人加强管教，配合人民检察院做好监督考察工作。

附条件不起诉的考验期为六个月以上一年以下，从人民检察院做出附条件不起诉的决定之日起计算。

被附条件不起诉的未成年犯罪嫌疑人，应当遵守下列规定：

（一）遵守法律法规，服从监督；

（二）按照考察机关的规定报告自己的活动情况；

（三）离开所居住的市、县或者迁居，应当报经考察机关批准；

（四）按照考察机关的要求接受矫治和教育。

第二百八十四条　被附条件不起诉的未成年犯罪嫌疑人，在考验期内有下列情形之一的，人民检察院应当撤销附条件不起诉的决定，提起公诉：

（一）实施新的犯罪或者发现决定附条件不起诉以前还有其他犯罪需要追诉的；

（二）违反治安管理规定或者考察机关有关附条件不起诉的监督管理规定，情节严重的。

被附条件不起诉的未成年犯罪嫌疑人，在考验期内没有上述情形，考验期满的，人民检察院应当做出不起诉的决定。

《刑事诉讼法》第二百八十五条　审判的时候被告人不满十八周岁的案件，不公开审理。但是，经未成年被告人及其法定代理人同意，未成年被告人所在学校和未成年人保护组织可以派代表到场。

《刑事诉讼法》第二百八十六条　犯罪的时候不满十八周岁，被判处五年有期徒刑以下刑罚的，应当对相关犯罪记录予以封存。

犯罪记录被封存的，不得向任何单位和个人提供，但司法机关为办案需要或者有关单位根据国家规定进行查询的除外。依法进行查询的单位，应当对被封存的犯罪记录的情况予以保密。

《刑事诉讼法》第二百八十七条　办理未成年人刑事案件，除本章已有规定的以外，按照本法的其他规定进行。

《未成年人保护法》第三十九条　学校应当建立学生欺凌防控工作制度，对教职员工、学生等开展防治学生欺凌的教育和培训。

学校对学生欺凌行为应当立即制止，通知实施欺凌和被欺凌未成年学生的父母或者其他监护人参与欺凌行为的认定和处理；对相关未成年学生及时给予心理辅导、教育和引导；对相关未成年学生的父母或者其他监护人给予必要的家庭教育指导。

对实施欺凌的未成年学生，学校应当根据欺凌行为的性质和程度，依法加强管教。对严重的欺凌行为，学校不得隐瞒，应当及时向公安机关、教育行政部门报告，并配合相关部门依法处理。

《未成年人保护法》第四十条　学校、幼儿园应当建立预防性侵害、性骚扰未成年人工作制度。对性侵害、性骚扰未成年人等违法犯罪行为，学校、幼儿园不得隐瞒，应当及时向公安机关、教育行政部门报告，并配合相关部门依法处理。

学校、幼儿园应当对未成年人开展适合其年龄的性教育，提高未成年人防范性侵害、性骚扰的自我保护意识和能力。对遭受性侵害、性骚扰的未成年人，学校、幼儿园应当及时采取相关的保护措施。

《未成年人保护法》第五十条 禁止制作、复制、出版、发布、传播含有宣扬淫秽、色情、暴力、邪教、迷信、赌博、引诱自杀、恐怖主义、分裂主义、极端主义等危害未成年人身心健康内容的图书、报刊、电影、广播电视节目、舞台艺术作品、音像制品、电子出版物和网络信息等。

《未成年人保护法》第五十一条 任何组织或者个人出版、发布、传播的图书、报刊、电影、广播电视节目、舞台艺术作品、音像制品、电子出版物或者网络信息，包含可能影响未成年人身心健康内容的，应当以显著方式作出提示。

《未成年人保护法》第五十二条 禁止制作、复制、发布、传播或者持有有关未成年人的淫秽色情物品和网络信息。

《未成年人保护法》第五十三条 任何组织或者个人不得刊登、播放、张贴或者散发含有危害未成年人身心健康内容的广告；不得在学校、幼儿园播放、张贴或者散发商业广告；不得利用校服、教材等发布或者变相发布商业广告。

《未成年人保护法》第五十四条 禁止拐卖、绑架、虐待、非法收养未成年人，禁止对未成年人实施性侵害、性骚扰。

禁止胁迫、引诱、教唆未成年人参加黑社会性质组织或者从事违法犯罪活动。

禁止胁迫、诱骗、利用未成年人乞讨。

《未成年人保护法》第五十七条 旅馆、宾馆、酒店等住宿经营者接待未成年人入住，或者接待未成年人和成年人共同入住时，应当询问父母或者其他监护人的联系方式、入住人员的身份关系等有关情况；发现有违法犯罪嫌疑的，应当立即向公安机关报告，并及时联系未成年人的父母或者其他监护人。

《未成年人保护法》第六十二条 密切接触未成年人的单位招聘工作人员时，应当向公安机关、人民检察院查询应聘者是否具有性侵害、虐待、拐卖、暴力伤害等违法犯罪记录；发现其具有前述行为记录的，不得录用。

密切接触未成年人的单位应当每年定期对工作人员是否具有上述违法犯罪记录进行查询。通过查询或者其他方式发现其工作人员具有上述行为的，应当及时解聘。

《未成年人保护法》第九十八条 国家建立性侵害、虐待、拐卖、暴力伤害等违法犯罪人员信息查询系统，向密切接触未成年人的单位提供免费查询服务。

《未成年人保护法》第一百零一条 公安机关、人民检察院、人民法院和司法行政部门应当确定专门机构或者指定专门人员，负责办理涉及未成年人案件。办理涉及未成年人案件的人员应当经过专门培训，熟悉未成年人身心特点。专门机构或者专门人员中，应当有女性工作人员。

公安机关、人民检察院、人民法院和司法行政部门应当对上述机构和人员实行与未成年人保护工作相适应的评价考核标准。

《未成年人保护法》第一百零二条　公安机关、人民检察院、人民法院和司法行政部门办理涉及未成年人案件，应当考虑未成年人身心特点和健康成长的需要，使用未成年人能够理解的语言和表达方式，听取未成年人的意见。

《未成年人保护法》第一百零三条　公安机关、人民检察院、人民法院、司法行政部门以及其他组织和个人不得披露有关案件中未成年人的姓名、影像、住所、就读学校以及其他可能识别出其身份的信息，但查找失踪、被拐卖未成年人等情形除外。

《未成年人保护法》第一百零四条　对需要法律援助或者司法救助的未成年人，法律援助机构或者公安机关、人民检察院、人民法院和司法行政部门应当给予帮助，依法为其提供法律援助或者司法救助。

法律援助机构应当指派熟悉未成年人身心特点的律师为未成年人提供法律援助服务。

法律援助机构和律师协会应当对办理未成年人法律援助案件的律师进行指导和培训。

《未成年人保护法》第一百零五条　人民检察院通过行使检察权，对涉及未成年人的诉讼活动等依法进行监督。

《未成年人保护法》第一百零六条　未成年人合法权益受到侵犯，相关组织和个人未代为提起诉讼的，人民检察院可以督促、支持其提起诉讼；涉及公共利益的，人民检察院有权提起公益诉讼。

《未成年人保护法》第一百一十条　公安机关、人民检察院、人民法院讯问未成年犯罪嫌疑人、被告人，询问未成年被害人、证人，应当依法通知其法定代理人或者其成年亲属、所在学校的代表等合适成年人到场，并采取适当方式，在适当场所进行，保障未成年人的名誉权、隐私权和其他合法权益。

人民法院开庭审理涉及未成年人案件，未成年被害人、证人一般不出庭作证；必须出庭的，应当采取保护其隐私的技术手段和心理干预等保护措施。

《未成年人保护法》第一百一十一条　公安机关、人民检察院、人民法院应当与其他有关政府部门、人民团体、社会组织互相配合，对遭受性侵害或者暴力伤害的未成年被害人及其家庭实施必要的心理干预、经济救助、法律援助、转学安置等保护措施。

《未成年人保护法》第一百一十二条　公安机关、人民检察院、人民法院办理未成年人遭受性侵害或者暴力伤害案件，在询问未成年被害人、证人时，应当采取同步录音录像等措施，尽量一次完成；未成年被害人、证人是女性的，应当由女性工作人员进行。

《未成年人保护法》第一百一十三条　对违法犯罪的未成年人，实行教育、感化、挽救的方针，坚持教育为主、惩罚为辅的原则。

对违法犯罪的未成年人依法处罚后，在升学、就业等方面不得歧视。

《未成年人保护法》第一百一十五条　公安机关、人民检察院、人民法院和司法行政部门应当结合实际，根据涉及未成年人案件的特点，开展未成年人法治宣传教育工作。

《未成年人保护法》第一百一十六条　国家鼓励和支持社会组织、社会工作者参与涉及未成年人案件中未成年人的心理干预、法律援助、社会调查、社会观护、教育矫治、社区矫正等工作。

《预防未成年人犯罪法》第四条　预防未成年人犯罪，在各级人民政府组织下，实行综合治理。

国家机关、人民团体、社会组织、企业事业单位、居民委员会、村民委员会、学校、家庭等各负其责、相互配合，共同做好预防未成年人犯罪工作，及时消除滋生未成年人违法犯罪行为的各种消极因素，为未成年人身心健康发展创造良好的社会环境。

《预防未成年人犯罪法》第五条　各级人民政府在预防未成年人犯罪方面的工作职责是：

（一）制定预防未成年人犯罪工作规划；

（二）组织公安、教育、民政、文化和旅游、市场监督管理、网信、卫生健康、新闻出版、电影、广播电视、司法行政等有关部门开展预防未成年人犯罪工作；

（三）为预防未成年人犯罪工作提供政策支持和经费保障；

（四）对本法的实施情况和工作规划的执行情况进行检查；

（五）组织开展预防未成年人犯罪宣传教育；

（六）其他预防未成年人犯罪工作职责。

《预防未成年人犯罪法》第六条　国家加强专门学校建设，对有严重不良行为的未成年人进行专门教育。专门教育是国民教育体系的组成部分，是对有严重不良行为的未成年人进行教育和矫治的重要保护处分措施。

省级人民政府应当将专门教育发展和专门学校建设纳入经济社会发展规划。县级以上地方人民政府成立专门教育指导委员会，根据需要合理设置专门学校。

专门教育指导委员会由教育、民政、财政、人力资源社会保障、公安、司法行政、人民检察院、人民法院、共产主义青年团、妇女联合会、关心下一代工作委员会、专门学校等单位，以及律师、社会工作者等人员组成，研究确定专门学校教学、管理等相关工作。

专门学校建设和专门教育具体办法，由国务院规定。

《预防未成年人犯罪法》第七条　公安机关、人民检察院、人民法院、司法行政部门应当由专门机构或者经过专业培训、熟悉未成年人身心特点的专门人员负责预防未成年人犯罪工作。

《预防未成年人犯罪法》第八条　共产主义青年团、妇女联合会、工会、残疾人联合会、关心下一代工作委员会、青年联合会、学生联合会、少年先锋队以及有关社会组织，应当协助各级人民政府及其有关部门、人民检察院和人民法院做好预防未成年人犯罪工作，为预防未成年人犯罪培育社会力量，提供支持服务。

《预防未成年人犯罪法》第九条　国家鼓励、支持和指导社会工作服务机构等社会组织参与预防未成年人犯罪相关工作，并加强监督。

《预防未成年人犯罪法》第十六条　未成年人的父母或者其他监护人对未成年人的预防犯罪教育负有直接责任，应当依法履行监护职责，树立优良家风，培养未成年人良好品行；发现未成年人心理或者行为异常的，应当及时了解情况并进行教育、引导和劝诫，不得拒绝或者怠于履行监护职责。

学习模块九

侵害未成年人案件强制报告工作实务

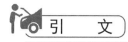
引　文

  2017年7月31日凌晨，浙江杭州萧山区110热线接到某儿童医院医生的报警电话，说自己在急诊中收治了一位昏迷不醒的13岁女孩，下体撕裂流血不止。陪女孩前来就诊的中年男子自称是女孩的父亲，但当医生问起孩子的伤是怎么造成的，该中年男子说是不小心摔伤的，这让医生起了疑心悄悄报警。随后警察经过调查发现，该男子是女孩的邻居，多次以买零食、出去玩的名义将其骗到家中实施性侵长达一年之久，但女孩的家人始终没有察觉。女孩是留守儿童，父母在广东务工多年，从出生起，她就跟奶奶和大伯一家一起生活。此案给当地检察机关带来启发，未成年人被性侵的案件往往比较隐蔽，很难被及时发现取证，而医院是最容易发现侵害的地方。能否建立一种制度，要求医生遇到未成年人疑似被侵害的情形时必须报案？2018年4月，杭州市萧山区检察院联合公安机关、卫健委等单位共同出台了《关于建立侵害未成年人案件强制报告制度的意见》，明确医疗机构及其工作人员在工作中发现未成年人遭受或者疑似遭受非正常伤害、死亡等情况时，及时向公安机关报案，并向检察机关、卫生主管部门报告备案，率先建立侵害未成年人犯罪案件强制报告制度。此后，全国多个地方检察机关陆续推动建立了市级层面和省级层面的强制报告制度，报告的行业也从医疗扩大到教育、福利救助机构等更多部门[1]。2019年，湖北省检察院联合教育、公安等部门出台省级层面的侵害未成年人案件强制报告制度，制度下发不久，就根据相关人员报告的案件线索，破获一起性侵多名未成年人的严重犯罪案件[2]。2020年5月7日，

---

[1] 戴佳，郭荣荣：《每报告一条线索，都可能拯救一个孩子》，载《检察日报》2022年10月9日第001版．

[2] 最高人民检察院：制定印发《关于建立侵害未成年人案件强制报告制度的意见（试行）》有关情况的通报，https://www.spp.gov.cn/spp/xwfbh/wsfbt/202005/t20200529_463482.shtml#2

最高人民检察院与国家监察委员会、公安部、民政部、司法部、教育部等九个部门共同签发《关于建立侵害未成年人案件强制报告制度的意见（试行）》，首次在我国国家层面确立了侵害未成年人案件强制报告制度。2021年6月1日，新修订的《未成年人保护法》吸收该制度内容，将侵害未成年人案件强制报告制度上升为国家法律，为相关部门和组织机构更好地落实有关制度提供了更强有力的保障。

知识目标：掌握侵害未成年人案件强制报告的基本概念。深入了解强制报告制度的法律依据、适用范围和报告程序。熟悉侵害未成年人强制报告义务主体、情形和处置。熟悉与侵害未成年人强制报告相关的法律法规和政策。

能力目标：能够准确识别侵害未成年人的案件，判断是否需要启动强制报告程序。能够按照规定的程序和要求，及时、准确地进行强制报告。能够与相关部门和机构有效沟通，协同处理侵害未成年人案件，确保案件得到妥善处理。

素养目标：树立保护未成年人权益的强烈意识，将未成年人利益放在首位。培养高度的职业道德和责任感，不断提升自己的专业素养和综合能力，为侵害未成年人案件的强制报告工作贡献专业力量，推动未成年人保护工作的不断完善。

课堂讨论

请谈谈侵害未成年人案件，尤其是性侵案件不容易被发现的原因是什么。谈谈建立侵害未成年人案件强制报告制度的意义何在。

学习任务一　侵害未成年人案件强制报告制度概述

我国早在1991年颁布实施的第一部《未成年人保护法》第五条就明确规定："对侵犯未成年人合法权益的行为，任何组织和个人都有权予以劝阻、制止或者向有关部门提出检举或者控告。"2013年10月23日，最高人民法院、最高人民检察院、公安部、司法部发布的《关于依法惩治性侵害未成年人犯罪的意见》也规定："对未成年人负有监护、教育、训练、救助、看护、医疗等特殊职责的人员以及其他公民和单位，发现未成年人受到性侵害的，有权利也有义务向公安机关、人民检察院、人民法院报案或者举报。"该意见虽然仅适用于性侵害未成年人犯罪，但却向建立全面强制报告制度迈出了历史性的第一步。2014年12月，最高人民法院、最高人民检察院、公安部、民政部联合颁布的《关于依法处理监护人侵害未成年人权益行为若干问题的意见》第六条规定："学校、医院、村（居）民委员会、社会工作服务机构等单位及其工作人员，发现未成年人受到监护侵害的，应当及时向公安机关报案或者举报。"报告情形局限于监护侵害行为。2015年通过的《中华人民共和国反家庭暴力法》第十四条规定："学校、幼儿园、医疗机构、居民委员会、村民委员会、社会工作服务机构、救助管理机构、福利机构及其工作人员在工作中发现无民事行为能力人、限制民事行为能力人遭受或者疑似遭受家庭暴力的，应当及时向公安机关报案。"首次在立法层面出现较为全面的关于强制报告的规定，但报告事项也仅限于家庭暴力①。

为有效预防和惩治侵害未成年人违法犯罪，切实加强对未成年人合法权益的保护，推进未成年人保护社会治理体系现代化建设，2020年5月7日，最高人民检察院与国家监委、公安部、司法部、教育部、民政部、国家卫健委、全国妇联、共青团中央根据《中华人民共和国刑事诉讼法》《中华人民共和国未成年人保护法》《中华人民共和国反家庭暴力法》《中华人民共和国执业医师法》及相关法律法规，联合签发《关于建立侵害未成年人案件强制报告制度的意见（试行）》（以下简称《强制报告意见》），建立起国家层面的强制报告制度。侵害未成年人案件强制报告，是指国家机关、法律法规授权行使公权力的各类组织及法律规定的公职人员，密切接触未成年人行业的各类组织及其从业人员，在工作中发现未成年人遭受或者疑似遭受不法侵害以及面临不法侵害危险的，应当立即向公安机关报案或举报。2021年新修订的《未成年人保护法》第十一条也规定："任何组织或者个人发现不利于未成年人身心健康或者侵犯未成年人合法权益的情形，都有权劝阻、制止或者向公安、民政、教育等有关部门提出检举、控告。国家机关、居民委员会、村民委员会、密切接触未成年人的单位及其工作人员，在工作中发现未成年人身心健康受到侵害、疑似受到侵害或者面临其他危险情形的，应当立即向公安、民政、教育等有关部门报告。有关部门接到涉及未成年人的检举、控告或者报告，应当依法及时受理、处置，并以适当方式将处理结果告知相关单位和人员。"这一法律规定标志着侵害未成年人案件强制报告制度正式写入法律。未

---

① 李峰：《试论侵害未成年人案件强制报告制度完善路径》，载《中国青年社会科学》，2022年第6期。

成年人是国家的未来、民族的希望。我国自古就有恤幼的法律文化传统，对未成年人进行特殊司法保护已经成为当今世界各国法律的共识，联合国《儿童权利公约》中也确认国家对儿童的亲权责任以及儿童利益最大化原则，这些都是建立侵害未成年人案件强制报告制度的思想理论基础。1974年1月31日，美国国会通过《儿童虐待预防和治疗法案》，要求各州通过强制报告法，成为最早确立强制报告制度的国家。综观世界各国的强制报告制度，一般可以根据强制报告主体及承担责任不同，划分为严格限定适用范围的严格责任、全社会均应报告的普遍责任和区分不同情形的分类责任三种模式。我国在强制报告制度设计上更倾向于采用严格责任模式①。

【案例9.1】2007年，李某某夫妇因婚后常年无子女，领养一名出生不久的女婴李某甲。2019年5月9日，就读于浙江省桐庐县某小学的李某甲（女，12岁）向其班主任老师求助，称其养父李某某从2018年暑假开始，在家中多次以触摸胸部、阴部等方式对其实施猥亵。李某甲曾向养母诉说，但养母不相信，置之不理，于是向班主任老师反映。老师收到求助后，当日即依照强制报告制度要求，层报至教育主管部门，县教育局于次日向公安机关报案，并向检察机关报备。2019年5月10日，桐庐县公安局对李某某猥亵儿童一案立案侦查。2019年6月4日，桐庐县检察院对李某某做出批准逮捕决定。2019年8月7日，桐庐县检察院以李某某涉嫌猥亵儿童罪提起公诉，2019年8月27日，桐庐县法院以猥亵儿童罪判处李某某有期徒刑三年三个月。

案例9.1中，案件是一起发生在家庭内部成员间的性侵案件，发现查处难度极大，被害人向养母诉说无果，转而向班主任老师求助。班主任老师高度负责，积极主动履行强制报告义务，第一时间向教育主管部门和司法机关报告。检察机关运用"一站式"办案机制对被害人开展询问、心理疏导，避免"二次伤害"；通过妇联邀请心理咨询师同步开展心理疏导；协调基层组织对监护人及其亲属进行教育劝诫；联合民政、妇联等部门审慎制定安置方案；落实案中庇护，案后跟进监督、开展生活帮扶等，全方位构建起未成年人保护救助网络②。

学习任务二　建立侵害未成年人案件强制报告制度的必要性

近年来，侵害未成年人犯罪持续上升，案件预防难、发现难、取证难一直是亟待

---

① 李峰：《试论侵害未成年人案件强制报告制度完善路径》，载《中国青年社会科学》，2022年第6期。
② 最高人民检察院：《侵害未成年人案件强制报告典型案例》：2020年5月29日。网址：https://www.spp.gov.cn/spp/xwfbh/wsfbt/202005/t20200529_463482.shtml#3

破解的难题。最高人民检察院发布的《未成年人检察工作白皮书》数据显示，2017—2022年检察机关起诉侵害未成年人犯罪分别为47 466人、50 705人、62 948人、57 295人、60 553人、58 410人。其中2022年起诉强奸、猥亵儿童等性侵未成年人犯罪36 957人，同比上升20.4%[①][②]。随着一些恶性侵害未成年人案件的曝光，社会公众关于建立强制报告制度、加大未成年人保护力度的呼声日益强烈。案件发现不及时，严重影响了打击犯罪和救助未成年人的效率与效果。一方面，是因为这类案件往往发生在家庭和学校、培训机构、宾馆、娱乐场所等内部场所、封闭环境，外人很难发现。另一方面，是由于未成年人自我保护意识和能力还比较弱，遇到侵害后不能及时寻求帮助。不少孩子遭受侵害后不敢、不愿甚至不知道寻求帮助，最终导致一些未成年人多次或长期遭受侵害，有的案件即使后来被发现，也因为取证困难甚至证据早已灭失，无法让犯罪分子受到应有惩罚。实践证明，强制报告制度是行之有效的惩防措施。2020年5月至2022年3月，检察机关办理案件中涉案线索来源于强制报告的达2 854件。报告主体涵盖学校、医院、宾馆、社区等单位及工作人员。其中，学校报告的有1 093件、医院1 079件，二者合计占比76.1%，是最主要的报告单位[③]。一些陈年隐案和外人很难发现的监护侵害案件通过强制报告制度得以及时发现。强制报告制度成为阻断犯罪、预防犯罪的重要措施，有力促进了社会治理和未成年人权益保护。例如针对宾馆等住宿经营场所发案多而报告少的问题，多地检察机关联合公安机关开展专项行动，对旅馆、宾馆、酒店等场所进行全面检查，推进落实公安部接待未成年人入住"五必须"规定，对未履行《未成年人保护法》规定的经营单位，通过监督追责、提起公益诉讼、制发检察建议等方式推动溯源治理，净化滋生犯罪的土壤[④]。

由此可见，建立强制报告制度对于及时干预、有效保护未成年人意义重大。一是有利于在第一时间发现未成年人遭受侵害的线索，及时完善固定证据，有效惩治违法犯罪，将不法伤害程度降到最低。二是能让遭受侵害的未成年人得到及时、有效的心理干预、司法救助等工作，切实维护其身体健康和合法权益。三是有助于及时排除隐患，堵塞管理漏洞，促进未成年人保护社会治理。四是有助于整合各部门资源和力量，

[①] 最高人民检察院：《未成年人检察工作白皮书（2014—2019）》，2020年6月1日。网址：https://www.spp.gov.cn/xwfbh/wsfbt/202006/t20200601_463698.shtml#2
[②] 最高人民检察院：《未成年人检察工作白皮书（2022）》，2023年6月1日。网址：https://www.spp.gov.cn/spp/xwfbh/wsfbt/202306/t20230601_615967.shtml#2
[③] 戴佳，郭荣荣：《每报告一条线索，都可能拯救一个孩子》，载《检察日报》，2022年10月9日，第001版。
[④] 常璐倩：《侵害未成年人案件强制报告制度落实情况持续向好 强制报告报案数量明显上升》，载《检察日报》，2023年9月13日。网址：http://newspaper.jcrb.com/2023/20230913/20230913_001/20230913_001_6.htm

形成部门联动、衔接有序的未成年人保护良好局面。强制报告制度的推行，在提高相关单位和人员责任意识的同时，也必将进一步增强广大人民群众的未成年人保护意识，凝聚社会共识，在全社会营造更加浓郁的关爱保护未成年人氛围[1]。

【案例9.2】2021年1月3日，山东省兰陵县的出租车司机王师傅拉了一个小女孩。闲聊中，王师傅了解到女孩是从外地赶来见导演的，但对导演的详细情况却一无所知。王师傅告诫女孩小心别被骗了。到达目的地后，一名五六十岁的男子给了王师傅车钱。王师傅问女孩什么时候回去，该男子表示女孩会再打车回去。王师傅看到两人进了宾馆，总觉得女孩会有危险，就将车停在附近没走，同时把心里的疑虑说给别的司机听，其他司机也认为可疑，于是王师傅决定亲自去看看。询问宾馆工作人员后，王师傅来到了两人入住的房间门口，敲门几分钟后才开。王师傅在男子看不到的角落给女孩打了个手势，让她同自己一起下楼，但并未成功。王师傅曾在电视中看到过强制报告制度的宣传，他立即赶往派出所报案，得知另一名司机已经拨打过报警电话。警察与王师傅迅速赶至宾馆，将欲行强奸的孙某当场抓获。警方进一步侦查发现，从2019年下半年起，孙某冒充知名导演诱骗多名未成年人拍摄、发送裸照、裸体视频，并在线下见面时实施性侵行为。孙某被抓获后，仍有多名被害人通过微信、QQ等方式询问面试时间[2]。

案例9.2中，二位司机的报告，及时挽救了多名潜在的未成年被害人。随着强制报告制度的推行和广泛宣传，不仅是相关报告义务主体，广大人民群众的未成年人保护意识也在不断提高，有助于形成源头预防、及时发现、高效应急、依法惩处的未成年人保护机制。相关单位应加强对侵害未成年人案件强制报告的政策和法治宣传，强化全社会保护未成年人、与侵害未成年人违法犯罪行为做斗争的意识，争取更广泛的理解与支持，营造良好社会氛围。

学习任务三　侵害未成年人案件强制报告义务主体

《强制报告意见》第二条明确规定，国家机关、法律法规授权行使公权力的各类组织及法律规定的公职人员，密切接触未成年人行业的各类组织及其从业人员对侵害未

---

[1] 最高人民检察院：《制定印发〈关于建立侵害未成年人案件强制报告制度的意见（试行）〉有关情况的通报》，2020年5月29日。网址：https://www.spp.gov.cn/spp/xwfbh/wsfbt/202005/t20200529_463482.shtml#2

[2] 戴佳、郭荣荣：《每报告一条线索，都可能拯救一个孩子》，载《检察日报》，2022年10月9日第001版。

成年人案件负有报告的义务。同时，第三条又将"密切接触未成年人行业"明确定义为，依法对未成年人负有教育、看护、医疗、救助、监护等特殊职责，或者虽不负有特殊职责但具有密切接触未成年人条件的企事业单位、基层群众自治组织、社会组织。主要包括：居（村）民委员会；中小学校、幼儿园、校外培训机构、未成年人校外活动场所等教育机构及校车服务提供者；托儿所等托育服务机构；医院、妇幼保健院、急救中心、诊所等医疗机构；儿童福利机构、救助管理机构、未成年人救助保护机构、社会工作服务机构；旅店、宾馆等。

（一）居（村）民委员会

居（村）民委员会是法定强制报告义务主体，《未成年人保护法》第十一条明确规定，居民委员会、村民委员会在工作中发现未成年人身心受到侵害、疑似受到侵害或者面临其他危险情况的，应当立即向公安等有关部门报告。居（村）民委员作为一线基层组织，具有熟悉基层、了解群众的工作优势。居（村）民委员切实履行强制报告责任对强化犯罪预防、保护未成年人，实现侵害未成年人犯罪早发现、早干预具有重要作用。

（二）中小学校、幼儿园、校外培训机构、未成年人校外活动场所等教育机构及校车服务提供者

学校等教育机构及校车服务提供者是未成年人学习、生活的重要场所，更容易从日常细节变化中发现学生的异常。2021年6月，教育部颁布《未成年人学校保护规定》，专门要求学校依法建立强制报告机制，规定学校和教职工发现学生遭受或疑似遭受家庭暴力、虐待、遗弃、长期无人照料、失踪等不法侵害以及面临不法侵害危险的，应当依照规定及时向公安、民政、教育等有关部门报告。

（三）托儿所等托育服务机构

《托育机构管理规范（试行）》要求托育机构应当坚持晨午检和全日健康观察，发现婴幼儿身体、精神、行为异常时，应当及时通知婴幼儿监护人。托育机构发现婴幼儿遭受或疑似遭受家庭暴力或其他不法侵害的，应当依法及时向公安机关报案。

（四）医院、妇幼保健院、急救中心、诊所等医疗机构

《强制报告意见》要求医疗机构及其从业人员在收治遭受或疑似遭受人身、精神损害的未成年人时，应当保持高度警惕，按规定书写、记录和保存相关病历资料。医护人员履行强制报告义务对及时发现、阻断侵害未成年人犯罪，保护未成年人免受持续侵害具有重要意义。例如江苏宜兴就将强制报告自动提醒程序嵌入医院诊疗系统中，当接诊医生录入未成年人受侵害等情况时，系统会跳出强制报告自动提醒程序界面，提示接诊医生履行强制报告义务。

（五）儿童福利机构、救助管理机构、未成年人救助保护机构、社会工作服务机构

《未成年人保护法》赋予民政部门在未成年人保护工作中更多职责。2021年民政部、应急管理部、中国残联等14个部门联合出台了《关于进一步推进儿童福利机构优化提质和创新转型高质量发展的意见》，要求到2025年，全面完成中国儿童福利机构优化提质和创新转型，县级儿童福利机构原则上应转型为未成年人救助保护机构，充分运用专业社会工作方法开展儿童需求评估、安置计划制订、心理辅导、社会融入、服务计划落实和儿童安置评估等工作，为更多的面临监护风险、伤害风险，甚至是已经遭到伤害的未成年人提供个性化、专业化关爱保护服务[1]。山东平度市某乡镇儿童督导员在社区巡查时发现一名幼童在垃圾桶翻找食物，有被遗弃的嫌疑，立即向公安机关报告。经查，这名幼童为智障儿童且父母监护不力，各部门随即对幼童开展联合救助[2]。

（六）旅店、宾馆

近年来，旅馆、宾馆、酒店成为侵害未成年人犯罪高发场所。为有效预防侵害未成年人犯罪，强化未成年人保护，《未成年人保护法》第五十七条和第一百二十二条分别规定，旅馆、宾馆、酒店等住宿经营者接待未成年人入住，或者接待未成年人和成年人共同入住时，应当询问父母或者其他监护人的联系方式、入住人员的身份关系等有关情况；发现有违法犯罪嫌疑的，应当立即向公安机关报告，并及时联系未成年人的父母或者其他监护人。违反上述规定的，责令限期改正，给予警告；拒不改正或者造成严重后果的，责令停业整顿或者吊销营业执照、相关许可证，并处一万元以上十万元以下罚款。住宿经营者强制报告义务的落实是预防侵害未成年人违法犯罪的重要

---

[1] 赵丽，解亦鸿：《县级儿童福利机构将转型为未成年人救助保护机构 为更多儿童撑起制度保护伞》，2021年6月2日。网址：http://www.legaldaily.com.cn/index_article/content/2021-06/02/content_8520850.htm

[2] 戴佳，郭荣荣：《每报告一条线索，都可能拯救一个孩子》，载《检察日报》，2022年10月9日第001版。

保障。

【案例 9.3】 自 2019 年 11 月起，犯罪嫌疑人李某某因其女儿钟某某（女，10 岁）贪玩，常以打骂罚跪手段体罚钟某某。2020 年 2 月 6 日上午，李某某安排钟某某在家写作业。13 时许，外出回家的李某某与杨某某（与李某某系同居关系）发现钟某某在偷玩手机，二人便用抽打、罚跪、浇冷水等方式体罚钟某某，直至钟某某出现身体不支状况。后李某某、杨某某发现钟某某已出现无法下咽且有牙关紧咬的情况，李某某意识到事态严重而拨打 120 急救电话。14 时 24 分，赶到现场的医生发现钟某某已无生命体征。在接诊问询过程中，李某某谎称孩子贪玩没有吃饭而摔倒不起，但医生警觉地发觉孩子时值寒冬未穿外衣，体表伤情似是人为所致，遂严格按照河南省新乡市《侵害未成年人案件强制报告若干规定（试行）》要求，履行强制报告职责果断报警。2020 年 2 月 8 日，民警接到报警后及时赶到现场将犯罪嫌疑人李某某、杨某某控制。次日，河南省新乡市公安局铁西分局以涉嫌故意伤害罪对李某某、杨某某刑事拘留。

案例 9.3 中，因医务人员严格履行强制报告制度及时报案，为公安机关第一时间发现案件、全面客观收集和固定关键证据创造了有利条件，也为破解侵害未成年人犯罪案件发现难、取证难、指控难等问题发挥了关键作用[①]。

学习任务四　侵害未成年人案件强制报告情形和处置

（一）侵害未成年人案件强制报告的情形

《强制报告意见》根据实践中侵害未成年人案件多发类型及常见特征，总结规定了性侵、虐待、欺凌、拐卖等九类应当报告情形，对于发现这些情形的，相关责任主体应当报告。为了及时制止犯罪，有效保护未成年人合法权益，规定发现"疑似"情形的也要报告。未成年人遭受或者疑似遭受不法侵害以及面临不法侵害危险的情况包括：

①未成年人的生殖器官或隐私部位遭受或疑似遭受非正常损伤的。
②不满 14 周岁的女性未成年人遭受或疑似遭受性侵害、怀孕、流产的。
③14 周岁以上女性未成年人遭受或疑似遭受性侵害所致怀孕、流产的。
④未成年人身体存在多处损伤、严重营养不良、意识不清，存在或疑似存在受到

---

① 最高人民检察院：《侵害未成年人案件强制报告典型案例》，2020 年 5 月 29 日。网址：https://www.spp.gov.cn/spp/xwfbh/wsfbt/202005/t20200529_463482.shtml#3

家庭暴力、欺凌、虐待、殴打或者被人麻醉等情形的。

⑤未成年人因自杀、自残、工伤、中毒、被人麻醉、殴打等非正常原因导致伤残、死亡情形的。

⑥未成年人被遗弃或长期处于无人照料状态的。

⑦发现未成年人来源不明、失踪或者被拐卖、收买的。

⑧发现未成年人被组织乞讨的。

⑨其他严重侵害未成年人身心健康的情形或未成年人正在面临不法侵害危险的。

(二) 侵害未成年人案件强制报告的处置

相关报告义务主体在工作中发现未成年人遭受或者疑似遭受不法侵害以及面临不法侵害危险的，应当立即向公安机关报案或举报，推动及时发现、处置侵害未成年人犯罪。报告义务主体根据《强制报告意见》规定情形向公安机关报案或举报的，应按照主管行政机关要求报告备案。具备先期核实条件的相关单位、机构、组织及人员，可以对未成年人疑似遭受不法侵害的情况进行初步核实，并在报案或举报时将相关材料一并提交公安机关。医疗机构及其从业人员在收治遭受或疑似遭受人身、精神损害的未成年人时，应当保持高度警惕，按规定书写、记录和保存相关病历资料。公安机关接到疑似侵害未成年人权益的报案或举报后，应当立即接受，问明案件初步情况，并制作笔录。根据案件的具体情况，对涉嫌违反治安管理的依法受案审查，涉嫌犯罪的依法立案侦查，并在受案或者立案后三日内向报案单位反馈案件进展，在移送审查起诉前告知报案单位。对不属于自己管辖的，及时移送有管辖权的公安机关。人民检察院应当切实加强对侵害未成年人案件的立案监督。认为公安机关应当立案而不立案的，应当要求公安机关说明不立案的理由。认为不立案理由不能成立的，应当通知公安机关立案，公安机关接到通知后应当立即立案。

公安机关、人民检察院发现未成年人需要保护救助的，应当委托或者联合民政部门或共青团、妇联等群团组织，对未成年人及其家庭实施必要的经济救助、医疗救治、心理干预、调查评估等保护措施。未成年被害人生活特别困难的，司法机关应当及时启动司法救助。公安机关、人民检察院发现未成年人父母或者其他监护人不依法履行监护职责，或者侵害未成年人合法权益的，应当予以训诫或者责令其接受家庭教育指导。经教育仍不改正，情节严重的，应当依法依规予以惩处。公安机关、妇联、居民委员会、村民委员会、救助管理机构、未成年人救助保护机构发现未成年人遭受家庭暴力或面临家庭暴力的现实危险，可以依法向人民法院代为申请人身安全保护令。

【案例9.4】2020年8月10日，上海市儿童医院在接诊3岁幼童陈某乙时，发现其死因可疑，立即向上海市公安局普陀分局报案，同时报告普陀区人民检察院。公安机关立案后，查明陈某乙系因被患精神疾病的母亲陈某甲强制喂饭导致呛饭后胃内容物反流致气管堵塞窒息死亡。2021年3月1日，普陀区人民检察院以涉嫌过失致人死亡罪对陈某甲提起公诉（陈某甲系限制刑事责任能力）。同年3月19日，普陀区人民法院以过失致人死亡罪判处陈某甲有期徒刑二年，缓刑二年。经查，陈某甲住所地居民委员会通过计生统计和日常工作，知道陈某甲曾患有精神疾病，未婚生子，独自一人在家抚养孩子。居委会干部在家访中还发现陈某乙身上、脸上常有乌青，发育不良，陈某甲有强行给孩子喂饭、冬天只给穿一件背心等异常养育行为。但居委会对此未予重视，未向公安机关报案，也未向主管行政机关报告。

《未成年人保护法》明确规定，居民委员会、村民委员会在工作中发现未成年人身心受到侵害、疑似受到侵害或者面临其他危险情况的，应当立即向公安等有关部门报告。案例9.4中，居委会工作人员发现未成年人"面临危险情形"时，没有及时报告，未能早发现、早干预，启动保护救助措施，最终发生未成年人窒息死亡的严重后果。预防是对未成年人最好的保护。强制报告制度要求的不仅是发现未成年人遭受侵害时要报告，发现有疑似情形也要报告，报告的情形范围比较宽，有助于早发现、早干预，最大程度保护未成年人合法权益[①]。

学习任务五 侵害未成年人案件强制报告工作实务

侵害未成年人案件强制报告制度确立以来，检察机关与相关责任部门加大宣传力度，强化监督职责，细化配套措施，加强内外联动，凝聚保护合力，有力推动了强制报告制度的落实。国务院未成年人保护工作领导小组办公室将强制报告制度落实纳入全国未成年人保护示范创建活动考核；最高检建立强制报告"每案必查"制度；教育部在《未成年人学校保护规定》中做出专门规定；公安部规定旅馆经营者接待未成年人入住"五必须"。很多教师、医护人员以及居民委员会、村民委员会等负有报告义务的单位和人员，甚至是酒吧员工、出租车司机积极履行报告义务，使大量侵害未成年

---

① 最高人民检察院：《侵害未成年人案件强制报告追责典型案例》，2022年5月27日。网址：https://www.spp.gov.cn/spp/xwfbh/wsfbt/202205/t20220527_557995.shtml#2

人犯罪得以及时发现，未成年人得到及时保护。总体上看，强制报告制度落实情况总体较好，但在执行过程中仍然存在一些突出问题，距离全社会形成共识、普遍接纳还有差距。比如，部分单位和人员法治意识不强，缺乏落实强制报告义务的责任感，宾馆等住宿经营场所应报告不报告问题比较突出。制度的生命在于执行，必须依法加强对未履行强制报告义务的责任追究，进一步压实相关单位与人员的报告责任，推动全社会形成保护未成年人合法权益的普遍共识。

首先，由人民检察院依法对《强制报告意见》的执行情况进行法律监督，强化履责保障。检察机关在办理侵害未成年人犯罪案件过程中，同步开展强制报告落实情况倒查，通过"逐案倒查"，强化对未履行强制报告义务的责任追究。自2020年5月至2022年9月，全国检察机关通过强制报告，已办理侵害未成年人案件3 700余件，对不履行报告义务的督促追责400余人[①]。对于工作中发现相关单位执行、监管不力的，可以通过发出检察建议书等方式进行监督纠正，达到"办理一案，治理一片"的效果。

其次，相关部门应当对报案人的信息予以保密，消除报告义务主体担心遭受打击报复等思想顾虑。必须依法保障相关单位及其工作人员履行强制报告责任，对根据规定报告侵害未成年人案件而引发的纠纷，报告人不予承担相应法律责任。对于干扰、阻碍报告的组织或个人，依法追究法律责任，对及时报案避免严重后果发生的，应当予以奖励。同时持续加大对社会公众的普法宣传力度，不断凝聚"报告有责，不报告追责"的社会共识。

再次，相关职能部门要对主管行业、领域内强制报告制度落实情况进行督促指导。负有报告义务的单位及其工作人员未履行报告职责，造成严重后果的，由其主管行政机关或者本单位依法对直接负责的主管人员或者其他直接责任人员给予相应处分；构成犯罪的，依法追究刑事责任。相关单位或者单位主管人员阻止工作人员报告的，予以从重处罚。对于行使公权力的公职人员长期不重视强制报告工作，不按规定落实强制报告制度要求的，根据其情节、后果等情况，监察委员会应当依法对相关单位和失职失责人员进行问责，对涉嫌职务违法犯罪的依法调查处理。

最后，相关单位、组织及其工作人员在报告处置过程中应当注意保护未成年人隐私，对于涉案未成年人身份、案情等信息资料予以严格保密，严禁通过互联网或者以其他方式进行传播。私自传播的，依法给予治安处罚或追究其刑事责任。

---

① 张军：《最高人民检察院关于人民检察院开展未成年人检察工作情况的报告》，2022年10月29日。网址：https://www.spp.gov.cn/xwfbh/wsfbh/202210/t20221029_591185.shtml

侵害未成年人案件强制报告制度是推动未成年人保护社会综合治理的重要举措，应持续加大制度宣传力度，凝聚强制报告社会共识，优化制度顶层设计与深度融合，强化监督追责问责机制，对制度执行过程中发现的普遍性、根源性、深层次社会治理问题，通过制发检察建议、提起公益诉讼等多种法律监督手段和方式推动解决，以诉源治理促推社会治理，用心守护未成年人健康成长①。

【案例9.5】 2020年10月28日，许某某和杨某（未成年人）经事先商议，约王某某（女，未成年人）及其朋友刘某某（女，未成年人）吃饭，哄骗王某某、刘某某大量饮酒。次日凌晨1时许，杨某、许某某将醉酒的王某某、刘某某带至江苏省徐州市某商务宾馆。杨某强行与刘某某发生了性关系。许某某欲与刘某某、王某某发生性关系，但均未遂。2021年3月5日，杨某、许某某被检察机关以涉嫌强奸罪提起公诉。经法院依法审判，判处许某某有期徒刑三年九个月，杨某有期徒刑二年九个月。经查，案发当日，该宾馆仅登记了许某某一人身份信息，就为许某某、杨某、王某某、刘某某四人开具一间三人间入住。办案人员查看宾馆前台监控发现，王某某、刘某某入住时明显处于醉酒状态，且王某某身着校服，工作人员未要求王某某、刘某某出示身份证件、未询问情况或联系监护人，发现异常情况后未向公安机关报告。

近年来，旅馆、宾馆、酒店成为侵害未成年人犯罪高发场所。为有效预防侵害未成年人犯罪，强化未成年人保护，《未成年人保护法》第五十七条和第一百二十二条明确规定，旅馆、宾馆、酒店等住宿经营者接待未成年人入住，或者接待未成年人和成年人共同入住时，应当询问父母或者其他监护人的联系方式、入住人员的身份关系等有关情况；发现有违法犯罪嫌疑的，应当立即向公安机关报告，并及时联系未成年人的父母或者其他监护人。违反上述规定的，责令限期改正，给予警告；拒不改正或者造成严重后果的，责令停业整顿或者吊销营业执照、相关许可证，并处一万元以上十万元以下罚款。案例9.5中，公安机关对宾馆及相关工作人员分别处以限期整改和罚款的行政处罚。因宾馆未尽安全保护义务，致使未成年人在其经营场所遭受侵害，检察机关在依法对被告人提起公诉的同时，支持被害人刘某某向法院提起民事诉讼，要求涉案宾馆承担相应的精神损害赔偿责任②。

【案例9.6】 2019年下半年至2020年10月间，安徽合肥某小学数学教师张某，在

---

① 李峰：《试论侵害未成年人案件强制报告制度完善路径》，载《中国青年社会科学》，2022年第6期。
② 最高人民检察院：《侵害未成年人案件强制报告追责典型案例》，2022年5月27日。网址：https://www.spp.gov.cn/spp/xwfbh/wsfbt/202205/t20220527_557995.shtml#2

学校教室、办公室及家中补习班等场所，多次对班内女学生赵某某、刘某某、王某实施触摸胸部、臀部等隐私部位及亲嘴等猥亵行为。后该小学上级管理部门、镇中心学校校长沈某听到关于张某猥亵学生的传言，遂与该小学副校长钟某向张某和被害人家长了解相关情况。学校对张某做出停课处理，并要求张某自己与学生家长协商处理此事。此后，在钟某见证下，张某向被害学生及家长承认错误，并赔偿三名被害人各10万元。2020年11月，本案因群众举报案发。2021年2月23日，安徽省合肥市庐江县人民检察院以涉嫌猥亵儿童罪对张某提起公诉。庐江县人民法院判处张某有期徒刑四年。

学校是未成年人学习、生活的重要场所，具有保护未成年学生的法定义务。《未成年人保护法》第四十条明确规定："学校、幼儿园应当建立预防性侵害、性骚扰未成年人工作制度。对性侵害、性骚扰未成年人等违法犯罪行为，学校、幼儿园不得隐瞒，应当及时向公安机关、教育行政部门报告，并配合相关部门依法处理。"案例9.6中，两名学校负责人未履行强制报告义务，私下组织学生家长和涉案人员"调解"，沈某被免去中心学校党委书记、校长职务，给予党内警告处分；钟某被免去小学副校长职务，给予党内严重警告处分。同时，合肥市人民检察院对五年来全市教职员工性侵害未成年学生案件进行梳理分析，向市教育局发出检察建议，与市教育局联动整改，保障强制报告制度和入职查询制度落实①。

侵害未成年人案件强制报告工作涉及公安部门、检察机关、人民法院、国家监察委员会、司法部门、教育行政部门、民政部门、卫健委、妇联、共青团、居（村）民委员会、宣传部门。

思考题

☐ 请思考侵害未成年人案件强制报告制度的现实意义和作用。
☐ 请思考如何让更多的人愿意积极报告侵害未成年人案件。

---

① 最高人民检察院：侵害未成年人案件强制报告追责典型案例 https://www.spp.gov.cn/spp/xwfbh/wsfbt/202205/t20220527_557995.shtml#2

☐ 请思考如何更好地保障侵害未成年人案件强制报告制度的落实。

专题实训

请根据所学内容设计一份关于侵害未成年人案件强制报告制度的普法宣传海报或者短视频，借助新媒体途径加大对社会公众的宣传力度，凝聚全面保护未成年人的社会共识。要求：撰写普法宣传策划案包括但不限于以下各项：宣传目的、宣传对象、所涉及相关部门、宣传的内容和设计成果，宣传中应当注意的法律问题。

法条链接

《未成年人保护法》第十一条　任何组织或者个人发现不利于未成年人身心健康或者侵犯未成年人合法权益的情形，都有权劝阻、制止或者向公安、民政、教育等有关部门提出检举、控告。

国家机关、居民委员会、村民委员会、密切接触未成年人的单位及其工作人员，在工作中发现未成年人身心健康受到侵害、疑似受到侵害或者面临其他危险情形的，应当立即向公安、民政、教育等有关部门报告。

有关部门接到涉及未成年人的检举、控告或者报告，应当依法及时受理、处置，并以适当方式将处理结果告知相关单位和人员。

参 考 文 献

[1] 安琪. 校园欺凌问题的困境解构与法律破解——以美国反欺凌立法为借鉴范式[J]. 中国青年研究, 2017 (5): 112-118.

[2] 冯家顺. 最高检: 最大限度挽救涉罪未成年人[EB/OL]. (2023-07-26) [2024-05-20]. http://www.news.cn/legal/2023-07-26/c_1129769449.htm.

[3] 李金玉, 金博. 中国监护制度研究[M]. 北京: 人民出版社, 2021.

[4] 王亦凡. 就"构建涉罪未成年人观护帮教制度"全国政协社会和法制委员会开展重点提案督办走访[EB/OL]. (2023-06-29) [2024-05-20]. https://www.rmzxb.com.cn/c/2023-06-29/3369124.shtml.

[5] 项焱, 郭元. 论我国监护制度中最有利于未成年人原则的实现[J]. 河南大学学报(社会科学版), 2023 (5): 54-58, 154.

[6] 中国少年儿童文化艺术基金会女童保护基金, 北京众一公益基金会. "女童保护"2020年性侵儿童案例统计及儿童防性侵教育调查报告[EB/OL]. (2021-03-04) [2024-05-20]. https://all-in-one.org.cn/newsinfo/1213697.html.

[7] 白晨, 杨伟国. 中国就业促进政策: 评估与展望[M]. 大连: 东北财经大学出版社有限责任公司, 2021.

[8] 曹琼, 刘和海. 实践、担当、制度与保障: 未成年人公益诉讼在实践与探索中前行[J]. 预防青少年犯罪研究, 2023 (6): 74-82.

[9] 邹萍, 刘佳, 陈海芹. 互联网金融扶持补贴助力青少年创业[J]. 产业创新研究, 2022 (15): 148-150.

[10] 陈浩, 祝李豪, 贾梦颖. 地摊经济对大学生创业双向性影响研究[J]. 中国市场, 2024 (1): 78-81.

[11] 陈维政, 李贵卿, 毛晓燕. 劳动关系管理[M]. 2版. 北京: 科学出版社, 2023.

[12] 程延园. 劳动关系[M]. 北京: 中国人民大学出版社, 2016.

[13] 戴佳, 郭荣荣. 每报告一条线索, 都可能拯救一个孩子[N]. 检察日报, 2022-

10-09（001）.

［14］单学英，吴斌，夏媛，许畅，薛琪薪．青年创新创业全周期服务平台建设研究——以上海市青少年活动中心"蓝梦谷"创业孵化园为例［J］．科技创业月刊，2023，36（36）：78-81.

［15］法规应用研究中心．劳动法、劳动合同法、劳动争议调解仲裁法一本通［M］．9版．北京：中国法制出版社，2023.

［16］冯承才．乡村未成年人保护现状及对策［J］．青年研究，2023（2）：50-61，95-96.

［17］高维俭，彭宇轩．侵害未成年人案件强制报告制度完善进路［J］．人民检察，2022（10）：54-58.

［18］高维俭．论少年法律关系［J］．东方法学，2024（1）：166-178.

［19］关颖．城市未成年人犯罪与家庭［M］．北京：群众出版社，2006.

［20］韩雪梅，郑磊．"青年之家"青少年综合服务平台功能的创新与实践研究——以运用吉青家园服务城乡电商青年创业为例［J］．青年发展论坛，2017（24）：53-63.

［21］湖北省高等学校毕业生就业指导中心．科技助力青少年成长成才——武汉大学梁龙双创业事迹［J］．中国大学生就业，2021（7）：21-23.

［22］兰跃军，李欣宇．强制报告制度的实施困境及破解［J］．中国青年社会科学，2021（6）：128-135.

［23］李富森．创新创业教育［M］．北京：电子工业出版社，2022.

［24］李豫黔．我国未成年犯教育改造工作的实践与思考［J］．预防青少年犯罪研究，2013（1）：23-28.

［25］林嘉．劳动法和社会保障法［M］．北京：中国人民大学出版社，2016.

［26］林维．未成年人网络保护发展报告（2021）［M］．北京：中国社会科学出版社，2021.

［27］刘强．美国犯罪未成年人的矫正制度概要［M］．北京：中国人民公安大学出版社，2005.

［28］刘沁玲，陈文华．创业学［M］．北京：北京大学出版社，2012.

［29］乔茹．论民政部门在未成年人保护中的角色定位及其制度完善——以撤销父母监护权为视角切入［J］．河南财经政法大学学报，2023（6）：22-31.

［30］宋湛．好说好商量——一个兼职劳动仲裁员的工作笔记［M］．北京：经济科学出版社，2011．

［31］孙其华．侵害未成年人案件强制报告制度的理论检视与规则形塑［J］．少年儿童研究，2022（1）：5-13．

［32］唐亚阳，陈伟．创业学［M］．长沙：湖南大学出版社，2017．

［33］童建明．最有利于未成年人原则适用的检察路径［J］．中国刑事法杂志，2023（1）：3-15．

［34］王经纬．未成年犯监禁矫正研究［D］．南京：东南大学，2017．

［35］王丽萍，景晓娟．青少年事务管理［M］．北京：北京师范大学出版社，2011．

［36］王丽萍，郎芳．《民法典》视域下父母家庭教育权的思考［J］．山东社会科学，2023（2）：131-137．

［37］王彦文．未成年犯教育管理问题研究［D］．大连：辽宁师范大学，2015．

［38］温慧卿，张春莉．我国超常儿童教育的政策、法律法规现状及思考［J］．中国特殊教育，2021（9）：66-72．

［39］温慧卿．未成年人性权利法律保护的诉求与体系构建［J］．中国青年社会科学，2018（4）：126-133．

［40］闫晓英，陈政军．我国未成年人监护制度：实施困境与完善路径［J］．青年探索，2023（5）：66-74．

［41］张京文．网络性侵害未成年人的成因及治理之策［J］．人民检察，2023（16）：53-56．

［42］张可君，吕时礼．创业实务［M］．北京：北京师范大学出版社，2011．

［43］赵丽，解亦鸿．县级儿童福利机构将转型为未成年人救助保护机构为更多儿童撑起制度保护伞［EB/OL］．（2021-06-02）［2024-05-20］．http：//www.legaldaily.com.cn/index_article/content/2021-06/02/content_8520850.htm

［44］周华．家庭教育指导的司法化及其适度调试——以《家庭教育促进法》的实施为背景［J］．山东行政学院学报，2023（5）：35-43．